は　し　が　き

　平成29年3月に告示された小学校学習指導要領が，令和2年度から全面実施されます。

　今回の学習指導要領では，各教科等の目標及び内容が，育成を目指す資質・能力の三つの柱（「知識及び技能」，「思考力，判断力，表現力等」，「学びに向かう力，人間性等」）に沿って再整理され，各教科等でどのような資質・能力の育成を目指すのかが明確化されました。これにより，教師が「子供たちにどのような力が身に付いたか」という学習の成果を的確に捉え，主体的・対話的で深い学びの視点からの授業改善を図る，いわゆる「指導と評価の一体化」が実現されやすくなることが期待されます。

　また，子供たちや学校，地域の実態を適切に把握した上で教育課程を編成し，学校全体で教育活動の質の向上を図る「カリキュラム・マネジメント」についても明文化されました。カリキュラム・マネジメントの一側面として，「教育課程の実施状況を評価してその改善を図っていくこと」がありますが，このためには，教育課程を編成・実施し，学習評価を行い，学習評価を基に教育課程の改善・充実を図るというPDCAサイクルを確立することが重要です。このことも，まさに「指導と評価の一体化」のための取組と言えます。

　このように，「指導と評価の一体化」の必要性は，今回の学習指導要領において，より一層明確なものとなりました。そこで，国立教育政策研究所教育課程研究センターでは，「幼稚園，小学校，中学校，高等学校及び特別支援学校の学習指導要領等の改善及び必要な方策等について（答申）」（平成28年12月21日中央教育審議会）をはじめ，価の在り方について（報告）」（平成31年1月21日中央教育審議会〇〇〇〇〇〇会）や「小学校，中学校，高等学校及び特別支援学校等における〇〇〇〇〇〇〇〇〇要録の改善等について」（平成31年3月29日付初等中等教育局長〇〇〇〇〇〇〇のたび「『指導と評価の一体化』のための学習評価に関する参考資料」を作成し〇。

　本資料では，学習評価の基本的な考え方や，各教科等における評価規準の作成及び評価の実施等について解説しているほか，各教科等別に単元や題材に基づく学習評価について事例を紹介しています。各学校においては，本資料や各教育委員会等が示す学習評価に関する資料などを参考としながら，学習評価を含むカリキュラム・マネジメントを円滑に進めていただくことで，「指導と評価の一体化」を実現し，子供たちに未来の創り手となるために必要な資質・能力が育まれることを期待します。

　最後に，本資料の作成に御協力くださった方々に心から感謝の意を表します。

　令和2年3月

国立教育政策研究所

教育課程研究センター長

笹　井　弘　之

目次

※本冊子については，改訂後の常用漢字表（平成22年11月30日内閣告示）に基づいて表記していま
　す。（学習指導要領及び初等中等教育局長通知等の引用部分を除く）

第1編

総説

第1編　総説

本編においては，以下の資料について，それぞれ略称を用いることとする。

> 答申：「幼稚園，小学校，中学校，高等学校及び特別支援学校の学習指導要領等の改善
> 及び必要な方策等について（答申）」　平成 28 年 12 月 21 日　中央教育審議会
> 報告：「児童生徒の学習評価の在り方について（報告）」　平成 31 年 1 月 21 日　中央教
> 育審議会　初等中等教育分科会　教育課程部会
> 改善等通知：「小学校，中学校，高等学校及び特別支援学校等における児童生徒の学習
> 評価及び指導要録の改善等について（通知）」　平成 31 年 3 月 29 日　初等中等
> 教育局長通知

第1章　平成 29 年改訂を踏まえた学習評価の改善

1　はじめに

　学習評価は，学校における教育活動に関し，児童生徒の学習状況を評価するものである。答申にもあるとおり，児童生徒の学習状況を的確に捉え，教師が指導の改善を図るとともに，児童生徒が自らの学びを振り返って次の学びに向かうことができるようにするためには，学習評価の在り方が極めて重要である。

　各教科等の評価については，学習状況を分析的に捉える「観点別学習状況の評価」と「評定」が学習指導要領に定める目標に準拠した評価として実施するものとされている[1]。観点別学習状況の評価とは，学校における児童生徒の学習状況を，複数の観点から，それぞれの観点ごとに分析する評価のことである。児童生徒が各教科等での学習において，どの観点で望ましい学習状況が認められ，どの観点に課題が認められるかを明らかにすることにより，具体的な学習や指導の改善に生かすことを可能とするものである。各学校において目標に準拠した観点別学習状況の評価を行うに当たっては，観点ごとに評価規準を定める必要がある。評価規準とは，観点別学習状況の評価を的確に行うため，学習指導要領に示す目標の実現の状況を判断するよりどころを表現したものである。本参考資料は，観点別学習状況の評価を実施する際に必要となる評価規準等，学習評価を行うに当たって参考となる情報をまとめたものである。

　以下，文部省指導資料から，評価規準について解説した部分を参考として引用する。

---

[1] 各教科の評価については，観点別学習状況の評価と，これらを総括的に捉える「評定」の両方について実施するものとされており，観点別学習状況の評価や評定には示しきれない児童生徒の一人一人のよい点や可能性，進歩の状況については，「個人内評価」として実施するものとされている。（P.6～11 に後述）

（参考）評価規準の設定（抄）

（文部省「小学校教育課程一般指導資料」（平成5年9月）より）

　新しい指導要録（平成3年改訂）では，観点別学習状況の評価が効果的に行われるようにするために，「各観点ごとに学年ごとの評価規準を設定するなどの工夫を行うこと」と示されています。

　これまでの指導要録においても，観点別学習状況の評価を適切に行うため，「観点の趣旨を学年別に具体化することなどについて工夫を加えることが望ましいこと」とされており，教育委員会や学校では目標の達成の度合いを判断するための基準や尺度などの設定について研究が行われてきました。

　しかし，それらは，ともすれば知識・理解の評価が中心になりがちであり，また「目標を十分達成（＋）」，「目標をおおむね達成（空欄）」及び「達成が不十分（－）」ごとに詳細にわたって設定され，結果としてそれを単に数量的に処理することに陥りがちであったとの指摘がありました。

　今回の改訂においては，学習指導要領が目指す学力観に立った教育の実践に役立つようにすることを改訂方針の一つとして掲げ，各教科の目標に照らしてその実現の状況を評価する観点別学習状況を各教科の学習の評価の基本に据えることとしました。したがって，評価の観点についても，学習指導要領に示す目標との関連を密にして設けられています。

　このように，学習指導要領が目指す学力観に立つ教育と指導要録における評価とは一体のものであるとの考え方に立って，各教科の目標の実現の状況を「関心・意欲・態度」，「思考・判断・表現」，「技能・表現（または技能）」及び「知識・理解」の観点ごとに適切に評価するため，「評価規準を設定する」ことを明確に示しているものです。

　「評価規準」という用語については，先に述べたように，新しい学力観に立って子供たちが自ら獲得し身に付けた資質や能力の質的な面，すなわち，学習指導要領の目標に基づく幅のある資質や能力の育成の実現状況の評価を目指すという意味から用いたものです。

2　平成29年改訂を踏まえた学習評価の意義
（1）学習評価の充実

　平成29年改訂小・中学校学習指導要領総則においては，学習評価の充実について新たに項目が置かれた。具体的には，学習評価の目的等について以下のように示し，単元や題材など内容や時間のまとまりを見通しながら，児童生徒の主体的・対話的で深い学びの実現に向けた授業改善を行うと同時に，評価の場面や方法を工夫して，学習の過程や成果を評価することを示し，授業の改善と評価の改善を両輪として行っていくことの必要性を明示した。

・児童のよい点や進歩の状況などを積極的に評価し，学習したことの意義や価値を実感できるようにすること。また，各教科等の目標の実現に向けた学習状況を把握する観点から，単元や題材など内容や時間のまとまりを見通しながら評価の場面や方法を工夫して，学習の過程や成果を評価し，指導の改善や学習意欲の向上を図り，資質・能力の育成に生かすようにすること。

・創意工夫の中で学習評価の妥当性や信頼性が高められるよう，組織的かつ計画的な取組を推進するとともに，学年や学校段階を越えて児童の学習の成果が円滑に接続されるように工夫すること。

（小学校学習指導要領第1章総則　第3教育課程の実施と学習評価　2学習評価の充実）
（中学校学習指導要領にも同旨）

（2）カリキュラム・マネジメントの一環としての指導と評価

　　各学校における教育活動の多くは，学習指導要領等に従い児童生徒や地域の実態を踏まえて編成された教育課程の下，指導計画に基づく授業（学習指導）として展開される。各学校では，児童生徒の学習状況を評価し，その結果を児童生徒の学習や教師による指導の改善や学校全体としての教育課程の改善等に生かしており，学校全体として組織的かつ計画的に教育活動の質の向上を図っている。このように，「学習指導」と「学習評価」は学校の教育活動の根幹に当たり，教育課程に基づいて組織的かつ計画的に教育活動の質の向上を図る「カリキュラム・マネジメント」の中核的な役割を担っている。

（3）主体的・対話的で深い学びの視点からの授業改善と評価

　　指導と評価の一体化を図るためには，児童生徒一人一人の学習の成立を促すための評価という視点を一層重視し，教師が自らの指導のねらいに応じて授業での児童生徒の学びを振り返り，学習や指導の改善に生かしていくことが大切である。すなわち，平成29年改訂学習指導要領で重視している「主体的・対話的で深い学び」の視点からの授業改善を通して各教科等における資質・能力を確実に育成する上で，学習評価は重要な役割を担っている。

（4）学習評価の改善の基本的な方向性

　　（1）～（3）で述べたとおり，学習指導要領改訂の趣旨を実現するためには，学習評価の在り方が極めて重要であり，すなわち，学習評価を真に意味のあるものとし，指導と評価の一体化を実現することがますます求められている。

　　このため，報告では，以下のように学習評価の改善の基本的な方向性が示された。

　　① 児童生徒の学習改善につながるものにしていくこと

　　② 教師の指導改善につながるものにしていくこと

　　③ これまで慣行として行われてきたことでも，必要性・妥当性が認められないものは見直していくこと

3 平成29年改訂を受けた評価の観点の整理

　平成29年改訂学習指導要領においては，知・徳・体にわたる「生きる力」を児童生徒に育むために「何のために学ぶのか」という各教科等を学ぶ意義を共有しながら，授業の創意工夫や教科書等の教材の改善を引き出していくことができるようにするため，全ての教科等の目標及び内容を「知識及び技能」，「思考力，判断力，表現力等」，「学びに向かう力，人間性等」の育成を目指す資質・能力の三つの柱で再整理した（図1参照）。知・徳・体のバランスのとれた「生きる力」を育むことを目指すに当たっては，各教科等の指導を通してどのような資質・能力の育成を目指すのかを明確にしながら教育活動の充実を図ること，その際には，児童生徒の発達の段階や特性を踏まえ，資質・能力の三つの柱の育成がバランスよく実現できるよう留意する必要がある。

図1

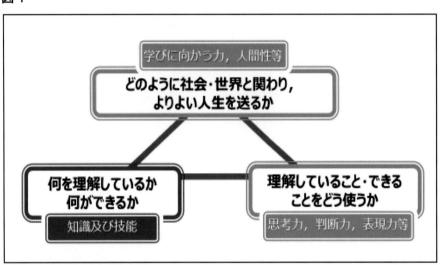

　観点別学習状況の評価については，こうした教育目標や内容の再整理を踏まえて，小・中・高等学校の各教科を通じて，4観点から3観点に整理された。（図2参照）

図2

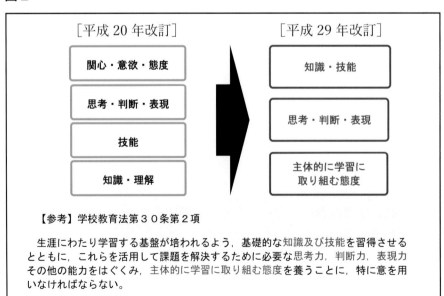

4 平成29年改訂学習指導要領における各教科の学習評価

　各教科の学習評価においては，平成29年改訂においても，学習状況を分析的に捉える「観点別学習状況の評価」と，これらを総括的に捉える「評定」の両方について，学習指導要領に定める目標に準拠した評価として実施するものとされた。改善等通知では，以下のように示されている。

【小学校児童指導要録】

　[各教科の学習の記録]

Ⅰ　観点別学習状況

　　学習指導要領に示す各教科の目標に照らして，その実現状況を観点ごとに評価し記入する。その際，

　　　　「十分満足できる」状況と判断されるもの：A

　　　　「おおむね満足できる」状況と判断されるもの：B

　　　　「努力を要する」状況と判断されるもの：C

　のように区別して評価を記入する。

Ⅱ　評定（第3学年以上）

　　各教科の評定は，学習指導要領に示す各教科の目標に照らして，その実現状況を，

　　　　「十分満足できる」状況と判断されるもの：3

　　　　「おおむね満足できる」状況と判断されるもの：2

　　　　「努力を要する」状況と判断されるもの：1

　のように区別して評価を記入する。

　　評定は各教科の学習の状況を総括的に評価するものであり，「観点別学習状況」において掲げられた観点は，分析的な評価を行うものとして，各教科の評定を行う場合において基本的な要素となるものであることに十分留意する。その際，評定の適切な決定方法等については，各学校において定める。

【中学校生徒指導要録】

（学習指導要領に示す必修教科の取扱いは次のとおり）

　[各教科の学習の記録]

Ⅰ　観点別学習状況（小学校児童指導要録と同じ）

　　学習指導要領に示す各教科の目標に照らして，その実現状況を観点ごとに評価し記入する。その際，

　　　　「十分満足できる」状況と判断されるもの：A

　　　　「おおむね満足できる」状況と判断されるもの：B

　　　　「努力を要する」状況と判断されるもの：C

　のように区別して評価を記入する。

Ⅱ　評定

　　各教科の評定は，学習指導要領に示す各教科の目標に照らして，その実現状況を，

「十分満足できるもののうち，特に程度が高い」状況と判断されるもの：5

「十分満足できる」状況と判断されるもの：4

「おおむね満足できる」状況と判断されるもの：3

「努力を要する」状況と判断されるもの：2

「一層努力を要する」状況と判断されるもの：1

のように区別して評価を記入する。

評定は各教科の学習の状況を総括的に評価するものであり，「観点別学習状況」において掲げられた観点は，分析的な評価を行うものとして，各教科の評定を行う場合において基本的な要素となるものであることに十分留意する。その際，評定の適切な決定方法等については，各学校において定める。

また，観点別学習状況の評価や評定には示しきれない児童生徒一人一人のよい点や可能性，進歩の状況については，「個人内評価」として実施するものとされている。改善等通知においては，「観点別学習状況の評価になじまず個人内評価の対象となるものについては，児童生徒が学習したことの意義や価値を実感できるよう，日々の教育活動等の中で児童生徒に伝えることが重要であること。特に『学びに向かう力，人間性等』のうち『感性や思いやり』など児童生徒一人一人のよい点や可能性，進歩の状況などを積極的に評価し児童生徒に伝えることが重要であること。」と示されている。

「3　平成29年改訂を受けた評価の観点の整理」も踏まえて各教科における評価の基本構造を図示化すると，以下のようになる。（図3参照）

図3

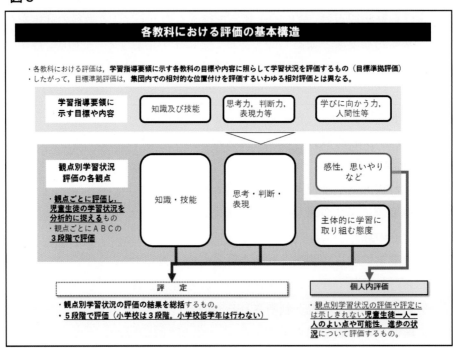

上記の，「各教科における評価の基本構造」を踏まえた3観点の評価それぞれについて

の考え方は，以下の（1）〜（3）のとおりとなる。なお，この考え方は，外国語活動（小学校），総合的な学習の時間，特別活動においても同様に考えることができる。

（1）「知識・技能」の評価について

　「知識・技能」の評価は，各教科等における学習の過程を通した知識及び技能の習得状況について評価を行うとともに，それらを既有の知識及び技能と関連付けたり活用したりする中で，他の学習や生活の場面でも活用できる程度に概念等を理解したり，技能を習得したりしているかについても評価するものである。

　「知識・技能」におけるこのような考え方は，従前の「知識・理解」（各教科等において習得すべき知識や重要な概念等を理解しているかを評価），「技能」（各教科等において習得すべき技能を身に付けているかを評価）においても重視してきたものである。

　具体的な評価の方法としては，ペーパーテストにおいて，事実的な知識の習得を問う問題と，知識の概念的な理解を問う問題とのバランスに配慮するなどの工夫改善を図るとともに，例えば，児童生徒が文章による説明をしたり，各教科等の内容の特質に応じて，観察・実験したり，式やグラフで表現したりするなど，実際に知識や技能を用いる場面を設けるなど，多様な方法を適切に取り入れていくことが考えられる。

（2）「思考・判断・表現」の評価について

　「思考・判断・表現」の評価は，各教科等の知識及び技能を活用して課題を解決する等のために必要な思考力，判断力，表現力等を身に付けているかを評価するものである。

　「思考・判断・表現」におけるこのような考え方は，従前の「思考・判断・表現」の観点においても重視してきたものである。「思考・判断・表現」を評価するためには，教師は「主体的・対話的で深い学び」の視点からの授業改善を通じ，児童生徒が思考・判断・表現する場面を効果的に設計した上で，指導・評価することが求められる。

　具体的な評価の方法としては，ペーパーテストのみならず，論述やレポートの作成，発表，グループでの話合い，作品の制作や表現等の多様な活動を取り入れたり，それらを集めたポートフォリオを活用したりするなど評価方法を工夫することが考えられる。

（3）「主体的に学習に取り組む態度」の評価について

　答申において「学びに向かう力，人間性等」には，①「主体的に学習に取り組む態度」として観点別学習状況の評価を通じて見取ることができる部分と，②観点別学習状況の評価や評定にはなじまず，こうした評価では示しきれないことから個人内評価を通じて見取る部分があることに留意する必要があるとされている。すなわち，②については観点別学習状況の評価の対象外とする必要がある。

　「主体的に学習に取り組む態度」の評価に際しては，単に継続的な行動や積極的な発言を行うなど，性格や行動面の傾向を評価するということではなく，各教科等の「主体的に学習に取り組む態度」に係る観点の趣旨に照らして，知識及び技能を習得したり，

思考力，判断力，表現力等を身に付けたりするために，自らの学習状況を把握し，学習の進め方について試行錯誤するなど自らの学習を調整しながら，学ぼうとしているかどうかという意思的な側面を評価することが重要である。

従前の「関心・意欲・態度」の観点も，各教科等の学習内容に関心をもつことのみならず，よりよく学ぼうとする意欲をもって学習に取り組む態度を評価するという考え方に基づいたものであり，この点を「主体的に学習に取り組む態度」として改めて強調するものである。

本観点に基づく評価は，「主体的に学習に取り組む態度」に係る各教科等の評価の観点の趣旨に照らして，

①　知識及び技能を獲得したり，思考力，判断力，表現力等を身に付けたりすることに向けた粘り強い取組を行おうとする側面

②　①の粘り強い取組を行う中で，自らの学習を調整しようとする側面

という二つの側面を評価することが求められる[2]。（図4参照）

ここでの評価は，児童生徒の学習の調整が「適切に行われているか」を必ずしも判断するものではなく，学習の調整が知識及び技能の習得などに結び付いていない場合には，教師が学習の進め方を適切に指導することが求められる。

具体的な評価の方法としては，ノートやレポート等における記述，授業中の発言，教師による行動観察や児童生徒による自己評価や相互評価等の状況を，教師が評価を行う際に考慮する材料の一つとして用いることなどが考えられる。

図4

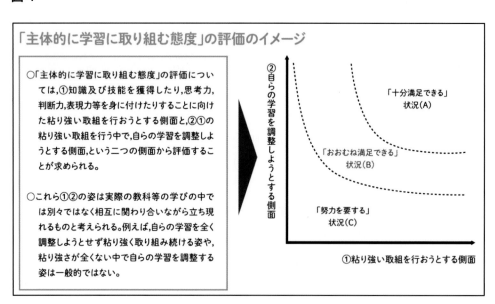

─────────────

[2] これら①②の姿は実際の教科等の学びの中では別々ではなく相互に関わり合いながら立ち現れるものと考えられることから，実際の評価の場面においては，双方の側面を一体的に見取ることも想定される。例えば，自らの学習を全く調整しようとせず粘り強く取り組み続ける姿や，粘り強さが全くない中で自らの学習を調整する姿は一般的ではない。

なお，学習指導要領の「2 内容」に記載のない「主体的に学習に取り組む態度」の評価については，後述する第2章1（2）を参照のこと[3]。

5 改善等通知における特別の教科 道徳，外国語活動（小学校），総合的な学習の時間，特別活動の指導要録の記録

改善等通知においては，各教科の学習の記録とともに，以下の（1）～（4）の各教科等の指導要録における学習の記録について以下のように示されている。

（1）特別の教科 道徳について

小学校等については，改善等通知別紙1に，「道徳の評価については，28文科初第604号「学習指導要領の一部改正に伴う小学校，中学校及び特別支援学校小学部・中学部における児童生徒の学習評価及び指導要録の改善等について（通知）」に基づき，学習活動における児童の学習状況や道徳性に係る成長の様子を個人内評価として文章で端的に記述する」こととされている（中学校等についても別紙2に同旨）。

（2）外国語活動について（小学校）

改善等通知には，「外国語活動の記録については，評価の観点を記入した上で，それらの観点に照らして，児童の学習状況に顕著な事項がある場合にその特徴を記入する等，児童にどのような力が身に付いたかを文章で端的に記述すること」とされている。また，「評価の観点については，設置者は，小学校学習指導要領等に示す外国語活動の目標を踏まえ，改善等通知別紙4を参考に設定する」こととされている。

（3）総合的な学習の時間について

小学校等については，改善等通知別紙1に，「総合的な学習の時間の記録については，この時間に行った学習活動及び各学校が自ら定めた評価の観点を記入した上で，それらの観点のうち，児童の学習状況に顕著な事項がある場合などにその特徴を記入する等，児童にどのような力が身に付いたかを文章で端的に記述すること」とされている。また，「評価の観点については，各学校において具体的に定めた目標，内容に基づいて別紙4を参考に定めること」とされている（中学校等についても別紙2に同旨）。

---

[3] 各教科等によって，評価の対象に特性があることに留意する必要がある。例えば，体育・保健体育科の運動に関する領域においては，公正や協力などを，育成する「態度」として学習指導要領に位置付けており，各教科等の目標や内容に対応した学習評価が行われることとされている。

（4）特別活動について

　　小学校等については，改善等通知別紙１に，「特別活動の記録については，各学校が自ら定めた特別活動全体に係る評価の観点を記入した上で，各活動・学校行事ごとに，評価の観点に照らして十分満足できる活動の状況にあると判断される場合に，○印を記入する」とされている。また，「評価の観点については，学習指導要領等に示す特別活動の目標を踏まえ，各学校において改善等通知別紙４を参考に定める。その際，特別活動の特質や学校として重点化した内容を踏まえ，例えば『主体的に生活や人間関係をよりよくしようとする態度』などのように，より具体的に定めることも考えられる。記入に当たっては，特別活動の学習が学校や学級における集団活動や生活を対象に行われるという特質に留意する」とされている（中学校等についても別紙２に同旨）。

　　なお，特別活動は学級担任以外の教師が指導する活動が多いことから，評価体制を確立し，共通理解を図って，児童生徒のよさや可能性を多面的・総合的に評価するとともに，確実に資質・能力が育成されるよう指導の改善に生かすことが求められる。

6　障害のある児童生徒の学習評価について

　　学習評価に関する基本的な考え方は，障害のある児童生徒の学習評価についても変わるものではない。

　　障害のある児童生徒については，特別支援学校等の助言又は援助を活用しつつ，個々の児童生徒の障害の状態や特性及び心身の発達の段階に応じた指導内容や指導方法の工夫を行い，その評価を適切に行うことが必要である。また，指導内容や指導方法の工夫については，学習指導要領の各教科の「指導計画の作成と内容の取扱い」の「指導計画作成上の配慮事項」の「障害のある児童生徒への配慮についての事項」についての学習指導要領解説も参考となる。

7　評価の方針等の児童生徒や保護者への共有について

　　学習評価の妥当性や信頼性を高めるとともに，児童生徒自身に学習の見通しをもたせるために，学習評価の方針を事前に児童生徒と共有する場面を必要に応じて設けることが求められており，児童生徒に評価の結果をフィードバックする際にも，どのような方針によって評価したのかを改めて児童生徒に共有することも重要である。

　　また，新学習指導要領下での学習評価の在り方や基本方針等について，様々な機会を捉えて保護者と共通理解を図ることが非常に重要である。

第2章 学習評価の基本的な流れ

1 各教科における評価規準の作成及び評価の実施等について

（1）目標と観点の趣旨との対応関係について

　　　評価規準の作成に当たっては，各学校の実態に応じて目標に準拠した評価を行うために，「評価の観点及びその趣旨[4]」が各教科等の目標を踏まえて作成されていること，また同様に，「学年別（又は分野別）の評価の観点の趣旨[5]」が学年（又は分野）の目標を踏まえて作成されていることを確認することが必要である。

　　　なお，「主体的に学習に取り組む態度」の観点は，教科等及び学年（又は分野）の目標の（3）に対応するものであるが，観点別学習状況の評価を通じて見取ることができる部分をその内容として整理し，示していることを確認することが必要である。（図5，6参照）

図5

【学習指導要領「教科の目標」】

学習指導要領　各教科等の「第1　目標」

(1)	(2)	(3)
（知識及び技能に関する目標）	（思考力，判断力，表現力等に関する目標）	（学びに向かう力，人間性等に関する目標）[6]

【改善等通知「評価の観点及びその趣旨」】

改善等通知　別紙4　評価の観点及びその趣旨

観点	知識・技能	思考・判断・表現	主体的に学習に取り組む態度
趣旨	（知識・技能の観点の趣旨）	（思考・判断・表現の観点の趣旨）	（主体的に学習に取り組む態度の観点の趣旨）

---

[4] 各教科等の学習指導要領の目標の規定を踏まえ，観点別学習状況の評価の対象とするものについて整理したものが教科等の観点の趣旨である。

[5] 各学年（又は分野）の学習指導要領の目標を踏まえ，観点別学習状況の評価の対象とするものについて整理したものが学年別（又は分野別）の観点の趣旨である。

[6] 学びに向かう力，人間性等に関する目標には，個人内評価として実施するものも含まれている。（P.8図3参照）※学年（又は分野）の目標についても同様である。

図6

【学習指導要領「学年（又は分野）の目標」】

学習指導要領　各教科等の「第2　各学年の目標及び内容」の学年ごとの「1　目標」

(1)	(2)	(3)
（知識及び技能に関する目標）	（思考力，判断力，表現力等に関する目標）	（学びに向かう力，人間性等に関する目標）

↓　↓　↓

【改善等通知　別紙4「学年別（又は分野別）の評価の観点の趣旨」】

観点	知識・技能	思考・判断・表現	主体的に学習に取り組む態度
趣旨	（知識・技能の観点の趣旨）	（思考・判断・表現の観点の趣旨）	（主体的に学習に取り組む態度の観点の趣旨）

（2）「内容のまとまりごとの評価規準」とは

　　本参考資料では，評価規準の作成等について示す。具体的には，学習指導要領の規定から「内容のまとまりごとの評価規準」を作成する際の手順を示している。ここでの「内容のまとまり」とは，学習指導要領に示す各教科等の「第2　各学年の目標及び内容　2　内容」の項目等をそのまとまりごとに細分化したり整理したりしたものである[7]。平成29年改訂学習指導要領においては資質・能力の三つの柱に基づく構造化が行われたところであり，基本的には，学習指導要領に示す各教科等の「第2　各学年（分野）の目標及び内容」の「2　内容」において[8]，「内容のまとまり」ごとに育成を目指す資質・

---

[7] 各教科等の学習指導要領の「第3　指導計画の作成と内容の取扱い」1(1)に「単元（題材）などの内容や時間のまとまり」という記載があるが，この「内容や時間のまとまり」と，本参考資料における「内容のまとまり」は同義ではないことに注意が必要である。前者は，主体的・対話的で深い学びを実現するため，主体的に学習に取り組めるよう学習の見通しを立てたり学習したことを振り返ったりして自身の学びや変容を自覚できる場面をどこに設定するか，対話によって自分の考えなどを広げたり深めたりする場面をどこに設定するか，学びの深まりをつくりだすために，児童生徒が考える場面と教師が教える場面をどのように組み立てるか，といった視点による授業改善は，1単位時間の授業ごとに考えるのではなく，単元や題材などの一定程度のまとまりごとに検討されるべきであることが示されたものである。後者（本参考資料における「内容のまとまり」）については，本文に述べるとおりである。

[8] 小学校家庭においては，「第2　各学年の内容」，「1　内容」，小学校外国語・外国語活動，中学校外国語においては，「第2　各言語の目標及び内容等」，「1　目標」である。

能力が示されている。このため,「2 内容」の記載はそのまま学習指導の目標となりうるものである[9]。学習指導要領の目標に照らして観点別学習状況の評価を行うに当たり,児童生徒が資質・能力を身に付けた状況を表すために,「2 内容」の記載事項の文末を「～すること」から「～している」と変換したもの等を,本参考資料において「内容のまとまりごとの評価規準」と呼ぶこととする[10]。

ただし,「主体的に学習に取り組む態度」に関しては,特に,児童生徒の学習への継続的な取組を通して現れる性質を有すること等から[11],「2 内容」に記載がない[12]。そのため,各学年(又は分野)の「1 目標」を参考にしつつ,必要に応じて,改善等通知別紙4に示された学年(又は分野)別の評価の観点の趣旨のうち「主体的に学習に取り組む態度」に関わる部分を用いて「内容のまとまりごとの評価規準」を作成する必要がある。

なお,各学校においては,「内容のまとまりごとの評価規準」の考え方を踏まえて,学習評価を行う際の評価規準を作成する。

（3）「内容のまとまりごとの評価規準」を作成する際の基本的な手順

各教科における,「内容のまとまりごとの評価規準」を作成する際の基本的な手順は以下のとおりである。

学習指導要領に示された教科及び学年(又は分野)の目標を踏まえて,「評価の観点及びその趣旨」が作成されていることを理解した上で,

① 各教科における「内容のまとまり」と「評価の観点」との関係を確認する。

② 【観点ごとのポイント】を踏まえ,「内容のまとまりごとの評価規準」を作成する。

---

[9] 「2 内容」において示されている指導事項等を整理することで「内容のまとまり」を構成している教科もある。この場合は,整理した資質・能力をもとに,構成された「内容のまとまり」に基づいて学習指導の目標を設定することとなる。また,目標や評価規準の設定は,教育課程を編成する主体である各学校が,学習指導要領に基づきつつ児童生徒や学校,地域の実情に応じて行うことが必要である。

[10] 小学校家庭,中学校技術・家庭(家庭分野)については,学習指導要領の目標及び分野の目標の(2)に思考力・判断力・表現力等の育成に係る学習過程が記載されているため,これらを踏まえて「内容のまとまりごとの評価規準」を作成する必要がある。

[11] 各教科等の特性によって単元や題材など内容や時間のまとまりはさまざまであることから,評価を行う際は,それぞれの実現状況が把握できる段階について検討が必要である。

[12] 各教科等によって,評価の対象に特性があることに留意する必要がある。例えば,体育・保健体育科の運動に関する領域においては,公正や協力などを,育成する「態度」として学習指導要領に位置付けており,各教科等の目標や内容に対応した学習評価が行われることとされている。

①，②については，第2編において詳述する。同様に，【観点ごとのポイント】についても，第2編に各教科等において示している。

（4）評価の計画を立てることの重要性

学習指導のねらいが児童生徒の学習状況として実現されたかについて，評価規準に照らして観察し，毎時間の授業で適宜指導を行うことは，育成を目指す資質・能力を児童生徒に育むためには不可欠である。その上で，評価規準に照らして，観点別学習状況の評価をするための記録を取ることになる。そのためには，いつ，どのような方法で，児童生徒について観点別学習状況を評価するための記録を取るのかについて，評価の計画を立てることが引き続き大切である。

毎時間児童生徒全員について記録を取り，総括の資料とするために蓄積することは現実的ではないことからも，児童生徒全員の学習状況を記録に残す場面を精選し，かつ適切に評価するための評価の計画が一層重要になる。

（5）観点別学習状況の評価に係る記録の総括

適切な評価の計画の下に得た，児童生徒の観点別学習状況の評価に係る記録の総括の時期としては，単元（題材）末，学期末，学年末等の節目が考えられる。

総括を行う際，観点別学習状況の評価に係る記録が，観点ごとに複数ある場合は，例えば，次のような方法が考えられる。

・ **評価結果のＡ，Ｂ，Ｃの数を基に総括する場合**

　何回か行った評価結果のＡ，Ｂ，Ｃの数が多いものが，その観点の学習の実施状況を最もよく表現しているとする考え方に立つ総括の方法である。例えば，3回評価を行った結果が「ＡＢＢ」ならばＢと総括することが考えられる。なお，「ＡＡＢＢ」の総括結果をＡとするかＢとするかなど，同数の場合や三つの記号が混在する場合の総括の仕方をあらかじめ各学校において決めておく必要がある。

・ **評価結果のＡ，Ｂ，Ｃを数値に置き換えて総括する場合**

　何回か行った評価結果Ａ，Ｂ，Ｃを，例えばＡ＝3，Ｂ＝2，Ｃ＝1のように数値によって表し，合計したり平均したりする総括の方法である。例えば，総括の結果をＢとする範囲を［2.5≧平均値≧1.5］とすると，「ＡＢＢ」の平均値は，約2.3［（3＋2＋2）÷3］で総括の結果はＢとなる。

なお，評価の各節目のうち特定の時点に重きを置いて評価を行う場合など，この例のような平均値による方法以外についても様々な総括の方法が考えられる。

（6）観点別学習状況の評価の評定への総括

評定は，各教科の観点別学習状況の評価を総括した数値を示すものである。評定は，児童生徒がどの教科の学習に望ましい学習状況が認められ，どの教科の学習に課題が

認められるのかを明らかにすることにより，教育課程全体を見渡した学習状況の把握と指導や学習の改善に生かすことを可能とするものである。

評定への総括は，学期末や学年末などに行われることが多い。学年末に評定へ総括する場合には，学期末に総括した評定の結果を基にする場合と，学年末に観点ごとに総括した結果を基にする場合が考えられる。

観点別学習状況の評価の評定への総括は，各観点の評価結果をＡ，Ｂ，Ｃの組合せ，又は，Ａ，Ｂ，Ｃを数値で表したものに基づいて総括し，その結果を小学校では３段階，中学校では５段階で表す。

Ａ，Ｂ，Ｃの組合せから評定に総括する場合，各観点とも同じ評価がそろう場合は，小学校については，「ＢＢＢ」であれば２を基本としつつ，「ＡＡＡ」であれば３，「ＣＣＣ」であれば１とするのが適当であると考えられる。中学校については，「ＢＢＢ」であれば３を基本としつつ，「ＡＡＡ」であれば５又は４，「ＣＣＣ」であれば２又は１とするのが適当であると考えられる。それ以外の場合は，各観点のＡ，Ｂ，Ｃの数の組合せから適切に評定することができるようあらかじめ各学校において決めておく必要がある。

なお，観点別学習状況の評価結果は，「十分満足できる」状況と判断されるものをＡ，「おおむね満足できる」状況と判断されるものをＢ，「努力を要する」状況と判断されるものをＣのように表されるが，そこで表された学習の実現状況には幅があるため，機械的に評定を算出することは適当ではない場合も予想される。

また，評定は，小学校については，小学校学習指導要領等に示す各教科の目標に照らして，その実現状況を「十分満足できる」状況と判断されるものを３，「おおむね満足できる」状況と判断されるものを２，「努力を要する」状況と判断されるものを１，中学校については，中学校学習指導要領等に示す各教科の目標に照らして，その実現状況を「十分満足できるもののうち，特に程度が高い」状況と判断されるものを５，「十分満足できる」状況と判断されるものを４，「おおむね満足できる」状況と判断されるものを３，「努力を要する」状況と判断されるものを２，「一層努力を要する」状況と判断されるものを１という数値で表される。しかし，この数値を児童生徒の学習状況について三つ（小学校）又は五つ（中学校）に分類したものとして捉えるのではなく，常にこの結果の背景にある児童生徒の具体的な学習の実現状況を思い描き，適切に捉えることが大切である。評定への総括に当たっては，このようなことも十分に検討する必要がある[13]。

なお，各学校では観点別学習状況の評価の観点ごとの総括及び評定への総括の考え

---

[13] 改善等通知では，「評定は各教科の学習の状況を総括的に評価するものであり，『観点別学習状況』において掲げられた観点は，分析的な評価を行うものとして，各教科の評定を行う場合において基本的な要素となるものであることに十分留意する。その際，評定の適切な決定方法等については，各学校において定める。」と示されている。（P.7，8参照）

方や方法について，教師間で共通理解を図り，児童生徒及び保護者に十分説明し理解を得ることが大切である。

2　総合的な学習の時間における評価規準の作成及び評価の実施等について
（1）総合的な学習の時間の「評価の観点」について

　平成 29 年改訂学習指導要領では，各教科等の目標や内容を「知識及び技能」，「思考力，判断力，表現力等」，「学びに向かう力，人間性等」の資質・能力の三つの柱で再整理しているが，このことは総合的な学習の時間においても同様である。

　総合的な学習の時間においては，学習指導要領が定める目標を踏まえて各学校が目標や内容を設定するという総合的な学習の時間の特質から，各学校が観点を設定するという枠組みが維持されている。一方で，各学校が目標や内容を定める際には，学習指導要領において示された以下について考慮する必要がある。

> 【各学校において定める目標】
> ・　各学校において定める目標については，各学校における教育目標を踏まえ，総合的な学習の時間を通して育成を目指す資質・能力を示すこと。　　　（第2の3(1)）

　総合的な学習の時間を通して育成を目指す資質・能力を示すとは，各学校における教育目標を踏まえて，各学校において定める目標の中に，この時間を通して育成を目指す資質・能力を，三つの柱に即して具体的に示すということである。

> 【各学校において定める内容】
> ・　探究課題の解決を通して育成を目指す具体的な資質・能力については，次の事項に配慮すること。
> 　ア　知識及び技能については，他教科等及び総合的な学習の時間で習得する知識及び技能が相互に関連付けられ，社会の中で生きて働くものとして形成されるようにすること。
> 　イ　思考力，判断力，表現力等については，課題の設定，情報の収集，整理・分析，まとめ・表現などの探究的な学習の過程において発揮され，未知の状況において活用できるものとして身に付けられるようにすること。
> 　ウ　学びに向かう力，人間性等については，自分自身に関すること及び他者や社会との関わりに関することの両方の視点を踏まえること。　　　（第2の3(6)）

　各学校において定める内容について，今回の改訂では新たに，「目標を実現するにふさわしい探究課題」，「探究課題の解決を通して育成を目指す具体的な資質・能力」の二つを定めることが示された。「探究課題の解決を通して育成を目指す具体的な資質・能力」とは，各学校において定める目標に記された資質・能力を，各探究課題に即して具体的に示したものであり，教師の適切な指導の下，児童生徒が各探究課題の解決に取り組む中で，育成することを目指す資質・能力のことである。この具体的な資質・能力も，「知識及び技能」，「思考力，判断力，表現力等」，「学びに向かう力，人間性等」という

資質・能力の三つの柱に即して設定していくことになる。

このように，各学校において定める目標と内容には，三つの柱に沿った資質・能力が明示されることになる。

したがって，資質・能力の三つの柱で再整理した新学習指導要領の下での指導と評価の一体化を推進するためにも，評価の観点についてこれらの資質・能力に関わる「知識・技能」，「思考・判断・表現」，「主体的に学習に取り組む態度」の3観点に整理し示したところである。

（2）総合的な学習の時間の「内容のまとまり」の考え方

学習指導要領の第2の2では，「各学校においては，第1の目標を踏まえ，各学校の総合的な学習の時間の内容を定める。」とされており，各教科のようにどの学年で何を指導するのかという内容を明示していない。これは，各学校が，学習指導要領が定める目標の趣旨を踏まえて，地域や学校，児童生徒の実態に応じて，創意工夫を生かした内容を定めることが期待されているからである。

この内容の設定に際しては，前述したように「目標を実現するにふさわしい探究課題」，「探究課題の解決を通して育成を目指す具体的な資質・能力」の二つを定めることが示され，探究課題としてどのような対象と関わり，その探究課題の解決を通して，どのような資質・能力を育成するのかが内容として記述されることになる。（図7参照）

図7

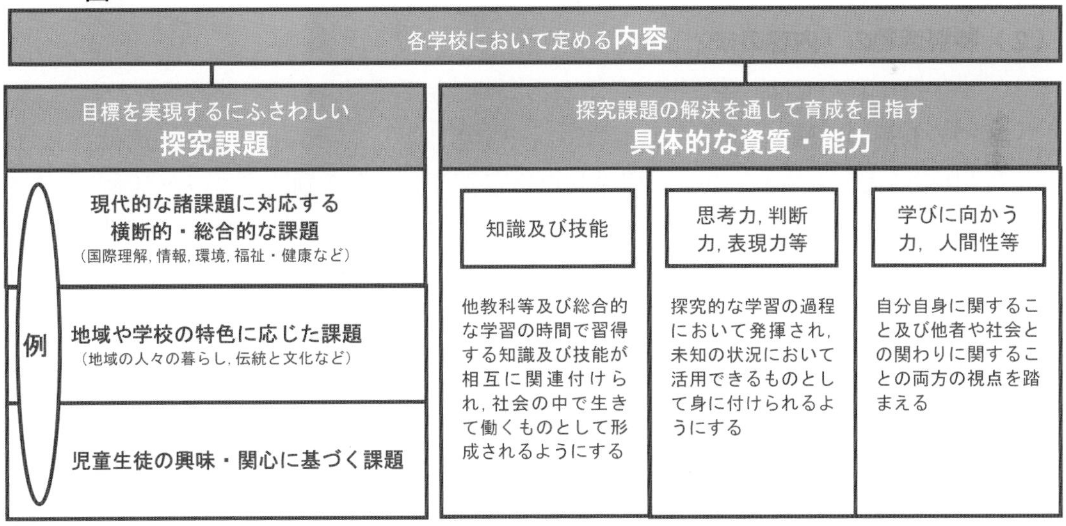

本参考資料第1編第2章の1（2）では，「内容のまとまり」について，「学習指導要領に示す各教科等の『第2　各学年の目標及び内容　2　内容』の項目等をそのまとまりごとに細分化したり整理したりしたもので，『内容のまとまり』ごとに育成を目指す資質・能力が示されている」と説明されている。

したがって，総合的な学習の時間における「内容のまとまり」とは，全体計画に示した「目標を実現するにふさわしい探究課題」のうち，一つ一つの探究課題とその探究課題に応じて定めた具体的な資質・能力と考えることができる。

（3）「内容のまとまりごとの評価規準」を作成する際の基本的な手順

　総合的な学習の時間における，「内容のまとまりごとの評価規準」を作成する際の基本的な手順は以下のとおりである。

---

① 　各学校において定めた目標（第2の1）と「評価の観点及びその趣旨」を確認する。

② 　各学校において定めた内容の記述（「内容のまとまり」として探究課題ごとに作成した「探究課題の解決を通して育成を目指す具体的な資質・能力」）が，観点ごとにどのように整理されているかを確認する。

③ 【観点ごとのポイント】を踏まえ，「内容のまとまりごとの評価規準」を作成する。

3　特別活動の「評価の観点」とその趣旨，並びに評価規準の作成及び評価の実施等について

（1）特別活動の「評価の観点」とその趣旨について

　特別活動においては，改善等通知において示されたように，特別活動の特質と学校の創意工夫を生かすということから，設置者ではなく，「各学校で評価の観点を定める」ものとしている。本参考資料では「評価の観点」とその趣旨の設定について示している。

（2）特別活動の「内容のまとまり」

　小学校においては，学習指導要領の内容の〔学級活動〕「（1）学級や学校における生活づくりへの参画」，「（2）日常の生活や学習への適応と自己の成長及び健康安全」，「（3）一人一人のキャリア形成と自己実現」，〔児童会活動〕，〔クラブ活動〕，〔学校行事〕（1）儀式的行事，（2）文化的行事，（3）健康安全・体育的行事，（4）遠足・集団宿泊的行事，（5）勤労生産・奉仕的行事を「内容のまとまり」とした。

　中学校においては，学習指導要領の内容の〔学級活動〕「（1）学級や学校における生活づくりへの参画」，「（2）日常の生活や学習への適応と自己の成長及び健康安全」，「（3）一人一人のキャリア形成と自己実現」，〔生徒会活動〕，〔学校行事〕（1）儀式的行事，（2）文化的行事，（3）健康安全・体育的行事，（4）旅行・集団宿泊的行事，（5）勤労生産・奉仕的行事を「内容のまとまり」とした。

（3）特別活動の「評価の観点」とその趣旨，並びに「内容のまとまりごとの評価規準」を作成する際の基本的な手順

　各学校においては，学習指導要領に示された特別活動の目標及び内容を踏まえ，自校の実態に即し，改善等通知の例示を参考に観点を作成する。その際，例えば，特別活動の特質や学校として重点化した内容を踏まえて，具体的な観点を設定することが考えられる。

　また，学習指導要領解説では，各活動・学校行事の内容ごとに育成を目指す資質・能力が例示されている。そこで，学習指導要領で示された「各活動・学校行事の目標」及び学習指導要領解説で例示された「資質・能力」を確認し，各学校の実態に合わせて育成を目指す資質・能力を重点化して設定する。

　次に，各学校で設定した，各活動・学校行事で育成を目指す資質・能力を踏まえて，「内容のまとまりごとの評価規準」を作成する。その際，小学校の学級活動においては，学習指導要領で示した「各学年段階における配慮事項」や，学習指導要領解説に示した「発達の段階に即した指導のめやす」を踏まえて，低・中・高学年ごとに評価規準を作成することが考えられる。基本的な手順は以下のとおりである。

---

① 　学習指導要領の「特別活動の目標」と改善等通知を確認する。

---

② 　学習指導要領の「特別活動の目標」と自校の実態を踏まえ，改善等通知の例示を参考に，特別活動の「評価の観点」とその趣旨を設定する。

---

③ 　学習指導要領の「各活動・学校行事の目標」及び学習指導要領解説特別活動編（平成 29 年 7 月）で例示した「各活動・学校行事における育成を目指す資質・能力」を参考に，各学校において育成を目指す資質・能力を重点化して設定する。

---

④ 　【観点ごとのポイント】を踏まえ，「内容のまとまりごとの評価規準」を作成する。

（参考）平成 23 年「評価規準の作成，評価方法等の工夫改善のための参考資料」からの 変更点について

　今回作成した本参考資料は，平成 23 年の「評価規準の作成，評価方法等の工夫改善のための参考資料」を踏襲するものであるが，以下のような変更点があることに留意が必要である[14]。

　まず，平成 23 年の参考資料において使用していた「評価規準に盛り込むべき事項」や「評価規準の設定例」については，報告において「現行の参考資料のように評価規準を詳細に示すのではなく，各教科等の特質に応じて，学習指導要領の規定から評価規準を作成する際の手順を示すことを基本とする」との指摘を受け，第 2 編において示すことを改め，本参考資料の第 3 編における事例の中で，各教科等の事例に沿った評価規準を例示したり，その作成手順等を紹介したりする形に改めている。

　次に，本参考資料の第 2 編に示す「内容のまとまりごとの評価規準」は，平成 23 年の「評価規準の作成，評価方法等の工夫改善のための参考資料」において示した「評価規準に盛り込むべき事項」と作成の手順を異にする。具体的には，「評価規準に盛り込むべき事項」は，平成 20 年改訂学習指導要領における各教科等の目標，各学年（又は分野）の目標及び内容の記述を基に，学習評価及び指導要録の改善通知で示している各教科等の評価の観点及びその趣旨，学年（又は分野）別の評価の観点の趣旨を踏まえて作成したものである。

　また，平成 23 年の参考資料では「評価規準に盛り込むべき事項」をより具体化したものを「評価規準の設定例」として示している。「評価規準の設定例」は，原則として，学習指導要領の各教科等の目標，学年（又は分野）別の目標及び内容のほかに，当該部分の学習指導要領解説（文部科学省刊行）の記述を基に作成していた。他方，本参考資料における「内容のまとまりごとの評価規準」については，平成 29 年改訂の学習指導要領の目標及び内容が育成を目指す資質・能力に関わる記述で整理されたことから，既に確認のとおり，そこでの「内容のまとまり」ごとの記述を，文末を変換するなどにより評価規準とすることを可能としており，学習指導要領の記載と表裏一体をなす関係にあると言える。

　さらに，「主体的に学習に取り組む態度」の「各教科等・各学年等の評価の観点の趣旨」についてである。前述のとおり，従前の「関心・意欲・態度」の観点から「主体的に学習に取り組む態度」の観点に改められており，「主体的に学習に取り組む態度」の観点に関しては各学年（又は分野）の「1　目標」を参考にしつつ，必要に応じて，改善等通知別紙 4 に示された学年（又は分野）別の評価の観点の趣旨のうち「主体的に学習に取り組む態度」に関わる部分を用いて「内容のまとまりごとの評価規準」を作成する必要がある。

---

[14] 特別活動については，これまでも三つの観点に基づいて児童生徒の資質・能力の育成を目指し，指導に生かしてきたところであり，上記の変更点に該当するものではないことに留意が必要である。

報告にあるとおり，「主体的に学習に取り組む態度」は，現行の「関心・意欲・態度」の観点の本来の趣旨であった，各教科等の学習内容に関心をもつことのみならず，よりよく学ぼうとする意欲をもって学習に取り組む態度を評価することを改めて強調するものである。また，本観点に基づく評価としては，「主体的に学習に取り組む態度」に係る各教科等の評価の観点の趣旨に照らし，

① 知識及び技能を獲得したり，思考力，判断力，表現力等を身に付けたりすることに向けた粘り強い取組を行おうとする側面と，

② ①の粘り強い取組を行う中で，自らの学習を調整しようとする側面，

という二つの側面を評価することが求められるとされた[15]。

以上の点から，今回の改善等通知で示した「主体的に学習に取り組む態度」の「各教科等・各学年等の評価の観点の趣旨」は，平成22年通知で示した「関心・意欲・態度」の「各教科等・各学年等の評価の観点の趣旨」から改められている。

---

[15] 各教科等によって，評価の対象に特性があることに留意する必要がある。例えば，体育・保健体育科の運動に関する領域においては，公正や協力などを，育成する「態度」として学習指導要領に位置付けており，各教科等の目標や内容に対応した学習評価が行われることとされている。

第２編

「内容のまとまりごとの評価規準」
を作成する際の手順

1　小学校国語科の「内容のまとまり」

小学校国語科における「内容のまとまり」は，以下のようになっている。

> 　各学年とも，「2　内容」は，〔知識及び技能〕と〔思考力，判断力，表現力等〕の2つの「内容のまとまり」で示されている。これらのまとまりは，更に以下のように分けられている。
>
> 〔知識及び技能〕
> 　(1)　言葉の特徴や使い方に関する事項
> 　(2)　情報の扱い方に関する事項
> 　(3)　我が国の言語文化に関する事項
>
> 〔思考力，判断力，表現力等〕
> 　A話すこと・聞くこと
> 　B書くこと
> 　C読むこと

2 小学校国語科における「内容のまとまりごとの評価規準」作成の手順

ここでは，第１学年及び第２学年〔思考力，判断力，表現力等〕の「Ａ　話すこと・聞くこと」を取り上げて，「内容のまとまりごとの評価規準」作成の手順を説明する。

まず，学習指導要領に示された教科及び学年の目標を踏まえて，「評価の観点及びその趣旨」が作成されていることを理解する。その上で，①及び②の手順を踏む。

＜例　第１学年及び第２学年〔思考力，判断力，表現力等〕の「Ａ　話すこと・聞くこと」＞

【小学校学習指導要領 第２章 第１節　国語「第１　目標」】

言葉による見方・考え方を働かせ，言語活動を通して，国語で正確に理解し適切に表現する資質・能力を次のとおり育成することを目指す。

（1）	（2）	（3）
日常生活に必要な国語について，その特質を理解し適切に使うことができるようにする。	日常生活における人との関わりの中で伝え合う力を高め，思考力や想像力を養う。	言葉がもつよさを認識するとともに，言語感覚を養い，国語の大切さを自覚し，国語を尊重してその能力の向上を図る態度を養う。

(小学校学習指導要領 P.28)

【改善等通知 別紙４　国語 （1） 評価の観点及びその趣旨　＜小学校　国語＞】

知識・技能	思考・判断・表現	主体的に学習に取り組む態度
日常生活に必要な国語について，その特質を理解し適切に使っている。	「話すこと・聞くこと」，「書くこと」，「読むこと」の各領域において，日常生活における人との関わりの中で伝え合う力を高め，自分の思いや考えを広げている。	言葉を通じて積極的に人と関わったり，思いや考えを広げたりしながら，言葉がもつよさを認識しようとしているとともに，言語感覚を養い，言葉をよりよく使おうとしている。

(改善等通知　別紙４　P.1)

※　〔思考力，判断力，表現力等〕の各領域において育成を目指す資質・能力を明確にするため，「思考・判断・表現」の趣旨の冒頭に，「話すこと・聞くこと」，「書くこと」，「読むこと」の３領域を明示している。

【小学校学習指導要領 第2章 第1節　国語「第2 各学年の目標及び内容」

〔第1学年及び第2学年〕　1　目標】

（1）	（2）	（3）
日常生活に必要な国語の知識や技能を身に付けるとともに，我が国の言語文化に親しんだり理解したりすることができるようにする。	順序立てて考える力や感じたり想像したりする力を養い，日常生活における人との関わりの中で伝え合う力を高め，自分の思いや考えをもつことができるようにする。	言葉がもつよさを感じるとともに，楽しんで読書をし，国語を大切にして，思いや考えを伝え合おうとする態度を養う。

(小学校学習指導要領 P.28)

【改善等通知 別紙4　国語（2）学年別の評価の観点の趣旨

＜小学校　国語＞第1学年及び第2学年】

知識・技能	思考・判断・表現	主体的に学習に取り組む態度
日常生活に必要な国語の知識や技能を身に付けているとともに，我が国の言語文化に親しんだり理解したりしている。	「話すこと・聞くこと」，「書くこと」，「読むこと」の各領域において，順序立てて考える力や感じたり想像したりする力を養い，日常生活における人との関わりの中で伝え合う力を高め，自分の思いや考えをもっている。	言葉を通じて積極的に人と関わったり，思いや考えをもったりしながら，言葉がもつよさを感じようとしているとともに，楽しんで読書をし，言葉をよりよく使おうとしている。

(改善等通知　別紙4　P.1)

※　〔思考力，判断力，表現力等〕の各領域において育成を目指す資質・能力を明確にするため，「思考・判断・表現」の趣旨の冒頭に，「話すこと・聞くこと」，「書くこと」，「読むこと」の3領域を明示している。

① 各教科における「内容のまとまり」と「評価の観点」との関係を確認する。

「内容のまとまり」と「評価の観点」との対応は，以下のように整理する。

「内容のまとまり」

〔知識及び技能〕	〔思考力，判断力，表現力等〕
(1) 言葉の特徴や使い方に関する事項	A話すこと・聞くこと
(2) 情報の扱い方に関する事項	B書くこと
(3) 我が国の言語文化に関する事項	C読むこと

「評価の観点」

知識・技能	思考・判断・表現	主体的に学習に取り組む態度

　つまり，〔知識及び技能〕は「知識・技能」，〔思考力，判断力，表現力等〕は「思考・判断・表現」と対応している。

② 【観点ごとのポイント】を踏まえ，「内容のまとまりごとの評価規準」を作成する。

（1）「内容のまとまりごとの評価規準」を作成する際の【観点ごとのポイント】

　一年間を通して，当該学年に示された指導事項を身に付けることができるよう指導することを基本とする。

○「知識・技能」のポイント

・基本的に，当該単元で育成を目指す資質・能力に該当する〔知識及び技能〕の指導事項について，その文末を「～している。」として，「知識・技能」の評価規準を作成する。なお，育成したい資質・能力に照らして，指導事項の一部を用いて評価規準を作成することもある。

○「思考・判断・表現」のポイント

・基本的に，当該単元で育成を目指す資質・能力に該当する〔思考力，判断力，表現力等〕の指導事項について，その文末を「～している。」として，「思考・判断・表現」の評価規準を作成する。なお，育成したい資質・能力に照らして，指導事項の一部を用いて評価規準を作成することもある。

・評価規準の冒頭には，当該単元で指導する一領域を「（領域名を入れる）」において，」と明記する。

○「主体的に学習に取り組む態度」のポイント

・第1編で説明されているように，①知識及び技能を獲得したり，思考力，判断力，表現力等を身に付けたりすることに向けた粘り強い取組を行おうとする側面と，②①の粘り強い取組を行う中で，自らの学習を調整しようとする側面の双方を適切に評価できる評価規準を作成する。文末は「～しようとしている。」とする。「学年別の評価の観点の趣旨」においては，主として，①に関しては「言葉を通じて積極的に人と関わったり」，②に関しては「思いや考えをもったりしながら（思いや考えをまとめたりしながら），（思いや考えを広げたりしながら）」が対応する。①，②を踏まえ，当該単元で育成する資質・能力と言語活動に応じて文言を作成する。

（２）学習指導要領の「２　内容」 及び 「内容のまとまりごとの評価規準（例）」

＜例　第１学年及び第２学年〔思考力，判断力，表現力等〕の「Ａ　話すこと・聞くこと」＞
　ア　紹介や説明，報告など伝えたいことを話したり，それらを聞いて声に出して確かめたり感想を
　　　述べたりする活動を通した指導の評価規準の例

	知識及び技能	思考力，判断力，表現力等	学びに向かう力，人間性等
学習指導要領２内容	(1)オ　身近なことを表す語句の量を増し，話や文章の中で使うとともに，言葉には意味による語句のまとまりがあることに気付き，語彙を豊かにすること。	イ　相手に伝わるように，行動したことや経験したことに基づいて，話す事柄の順序を考えること。 エ　話し手が知らせたいことや自分が聞きたいことを落とさないように集中して聞き，話の内容を捉えて感想をもつこと。	国語科の内容には，「学びに向かう力，人間性等」に係る指導事項は示されていない。そのため，当該学年目標(3)等を参考に作成する。

	知識・技能	思考・判断・表現	主体的に学習に取り組む態度
内容のまとまりごとの評価規準例	・身近なことを表す語句の量を増し，話の中で使うとともに，言葉には意味による語句のまとまりがあることに気付き，語彙を豊かにしている。((1)オ) ＊指導事項の一部を用いた場合の例。	・「話すこと・聞くこと」において，相手に伝わるように，行動したことや経験したことに基づいて，話す事柄の順序を考えている。（イ） ・「話すこと・聞くこと」において，話し手が知らせたいことや自分が聞きたいことを落とさないように集中して聞き，話の内容を捉えて感想をもっている。（エ）	・言葉を通じて積極的に人に関わったり，学習の見通しをもって思いや考えをもったりしながら，言葉をよりよく使おうとしている。

※１　国語科においては，指導事項に示された資質・能力を確実に育成するため，基本的には「内容
　　のまとまりごとの評価規準」が単元の評価規準となる。
※２　「主体的に学習に取り組む態度」の評価規準については，上記の内容を踏まえた上で，当該単
　　元で育成する資質・能力と言語活動に応じて作成する。具体的には，①知識及び技能を獲得した
　　り，思考力，判断力，表現力等を身に付けたりすることに向けた粘り強い取組を行おうとする側
　　面と，②①の粘り強い取組を行う中で，自らの学習を調整しようとする側面の双方を適切に評価
　　するため，下記③，④に示したように，特に，粘り強さを発揮してほしい内容と，自らの学習の
　　調整が必要となる具体的な言語活動を考えて授業を構想し，評価規準を設定することが大切で

ある。このことを踏まえれば，①から④の内容を全て含め，単元の目標や学習内容等に応じて，その組合せを工夫することが考えられる。なお，〈　〉内の言葉は，当該内容の学習状況を例示したものであり，これ以外も想定される。

①粘り強さ〈積極的に，進んで，粘り強く等〉

②自らの学習の調整〈学習の見通しをもって，学習課題に沿って，今までの学習を生かして等〉

③他の２観点において重点とする内容（特に，粘り強さを発揮してほしい内容）

④当該単元の具体的な言語活動（自らの学習の調整が必要となる具体的な言語活動）

※３　※１，※２を踏まえた上で，児童の学習の状況を適切に評価するために，実際の学習活動を踏まえて「Ｂと判断する状況の例」，「Ｃと判断する状況への手立ての例」を評価規準に沿って想定するようにする（第３編参照）。

第3編

単元ごとの学習評価について

（事例）

第3章

（図工）

第1章 「内容のまとまりごとの評価規準」の考え方を踏まえた評価規準の作成

1 本編事例における学習評価の進め方について

　単元における観点別学習状況の評価を実施するに当たり，まずは年間の指導と評価の計画を確認することが重要である。その上で，学習指導要領の目標や内容，「内容のまとまりごとの評価規準」の考え方等を踏まえ，以下のように進めることが考えられる。なお，複数の単元にわたって評価を行う場合など，以下の方法によらない事例もあることに留意する必要がある。

評価の進め方	留意点
1　単元の目標を作成する	○　学習指導要領の目標や内容，学習指導要領解説等を踏まえて作成する。 ○　児童の実態，前単元までの学習状況等を踏まえて作成する。 ※　単元の目標及び評価規準の関係性（イメージ）については下図参照
2　単元の評価規準を作成する	
3　「指導と評価の計画」を作成する	○　1，2を踏まえ，評価場面や評価方法等を計画する。 ○　どのような評価資料（児童の反応やノート，ワークシート，作品等）を基に，「おおむね満足できる」状況（B）と評価するかを考えたり，「努力を要する」状況（C）への手立て等を考えたりする。
授業を行う	○　3に沿って観点別学習状況の評価を行い，児童の学習改善や教師の指導改善につなげる。
4　観点ごとに総括する	○　集めた評価資料やそれに基づく評価結果などから，観点ごとの総括的評価（A，B，C）を行う。

2　単元の評価規準の作成のポイント

小学校国語科においては，次のような流れで授業を構想し，評価規準を作成する。

Step 1 単元で取り上げる 指導事項の確認	・年間指導計画等を基に，単元で取り上げる指導事項を確認する。

↓

Step 2 単元の目標と 言語活動の設定	・**Step 1** で確認した指導事項を基に，以下の３点について単元の目標を設定する。 　(1)「知識及び技能」の目標 　(2)「思考力，判断力，表現力等」の目標 　　→(1),(2)については，基本的に指導事項の文末を「〜できる。」として示す。 　(3)「学びに向かう力，人間性等」の目標 　　→(3)については，いずれの単元においても当該学年の学年の目標である「言葉がもつよさ〜思いや考えを伝え合おうとする。」までを示す。 ・単元の目標を実現するために適した言語活動を，言語活動例を参考にして位置付ける。

↓

Step 3 単元の評価規準 の設定	・以下を参考に，単元の評価規準を作成する。 　<u>「知識・技能」の評価規準の設定の仕方</u> 　　当該単元で育成を目指す資質・能力に該当する〔知識及び技能〕の指導事項の文末を「〜している。」として作成する。育成したい資質・能力に照らして，指導事項の一部を用いて作成することもある。 　<u>「思考・判断・表現」の評価規準の設定の仕方</u> 　　当該単元で育成を目指す資質・能力に該当する〔思考力，判断力，表現力等〕の指導事項の冒頭に，指導する一領域を「（領域名）において，」と明記し，文末を「〜している。」として作成する。育成したい資質・能力に照らして，指導事項の一部を用いて作成することもある。 　<u>「主体的に学習に取り組む態度」の評価規準の設定の仕方</u> 　　以下の①から④の内容を全て含め，単元の目標や学習内容等に応じて，その組合せを工夫することが考えられる。文末は「〜しようとしている。」とする。なお，〈　〉内の言葉は，当該内容の学習状況を例示したものであり，これ以外も想定される。 　　①粘り強さ〈積極的に，進んで，粘り強く等〉 　　②自らの学習の調整〈学習の見通しをもって，学習課題に沿って，今までの学習を生かして等〉 　　③他の２観点において重点とする内容（特に，粘り強さを発揮してほしい内容） 　　④当該単元の具体的な言語活動（自らの学習の調整が必要となる具体的な言語活動）

↓

Step 4 単元の指導と評価 の計画の決定	・各時間の具体的な学習活動を構想し，単元のどの段階でどの評価規準に基づいて評価するかを決定する。

↓

Step 5 評価の実際と手立 ての想定	・それぞれの評価規準について，実際の学習活動を踏まえて，「おおむね満足できる」状況（B），「努力を要する」状況（C）への手立てを想定する。

各事例の主な特徴をキーワードで示している。いずれの事例も，3観点の評価について掲載している。

「単元名」は，どのような言語活動を行うのかが児童に分かるように工夫している。

該当する指導事項を示すことで，学習指導要領の指導事項との関連を明確にしている。

「単元の評価規準」について，評価する時間と評価方法，及び「おおむね満足できる」状況（B）の例を示している。

本事例において，どのように学習を評価したのか，その実際を「観点別学習状況の評価の進め方」として詳しく説明している。

第3編

国語科　事例1
キーワード　指導と評価の計画から評価の総括まで

単元名	内容のまとまり
夏休みの思い出を報告しよう（第2学年）A話すこと・聞くこと	第1学年及び第2学年〔知識及び技能〕(1)言葉の特徴や使い方に関する事項〔思考力，判断力，表現力等〕「A話すこと・聞くこと」

（略）

3　単元の評価規準

知識・技能	思考・判断・表現	主体的に学習に取り組む態度
①身近なことを表す語句の量を増し，話の中で使っているとともに，語彙を豊かにしている。((1)オ)	①「話すこと・聞くこと」において，相手に伝わるように，行動したことや経験したことに基づいて，話す事柄の順序を考えている。（A(1)イ）②「話すこと・聞くこと」において，話し手が知らせたいことを落とさないように聞き，話の内容を捉えて感想をもっている。（A(1)エ）	①進んで，相手に伝わるように話す事柄の順序を考え，学習の見通しをもって報告しようとしている。

4　指導と評価の計画（全7時間）

時	学習活動	指導上の留意点	評価規準・評価方法等
1	○夏休みの思い出を報告するという学習の見通しをもつ。 ○夏休みの思い出を複数想起し，その中から最も友達に報告したいことを選ぶ。	・児童の伝えたいという思いを引き出すために，教師が自身の思い出を紹介するなどして，学習への意欲を高め，学習の見通しがもてるようにする。 ・夏休みの思い出の中から，伝えたい思いの強さを手掛かりにして，一つを選ぶように指導する。	
	○「始め－中－終わり」といった話の構成で話すことを確認し，「始め」と「終わり」については先にノートに記述する。	・上のような図を児童に示し，「始め」には，「いつ・どこで・だれと・どうした」を，「終わり」には，「全体を通して思ったこと」をそれぞれ一文程度で記述できるようにする。	
3・4	第1時で選んだ最も報告したい思い出を詳しく想起して，必要な事柄を四つから六つ程度カードにそれぞれ書き出す。〈カードの種類（例）〉・見たこと・したこと	・想起できるように，日記や写真等を基に，経験や行動を振り返るよう助言する。・事物の内容を表す言葉，経験したことを表す言葉，色や形を表す言葉を確認し，カードの中で必ず用いるよ	［知識・技能①］カード・事物の内容を表す言葉，経験したことを表す言葉，色や形を表す言葉の文意に沿った活用状況の確認

（略）

5　観点別学習状況の評価の進め方

　ここでは，夏休みの思い出を報告する学習における「知識・技能」，「思考・判断・表現」，「主体的に学習に取り組む態度」の評価の事例を紹介する。本事例では，以下に示すワークシート①〜③を用いた。

第2章　学習評価に関する事例について

1　事例の特徴

　第1編第1章2（4）で述べた学習評価の改善の基本的な方向性を踏まえつつ，平成29年改訂学習指導要領の趣旨・内容の徹底に資する評価の事例を示すことができるよう，本参考資料における事例は，原則として以下のような方針を踏まえたものとしている。

○　単元に応じた評価規準の設定から評価の総括までとともに，児童の学習改善及び教師の指導改善までの一連の流れを示している

　　本参考資料で提示する事例は，いずれも，単元の評価規準の設定から評価の総括までとともに，評価結果を児童の学習改善や教師の指導改善に生かすまでの一連の学習評価の流れを念頭においたものである（事例の一つは，この一連の流れを特に詳細に示している）。なお，観点別の学習状況の評価については，「おおむね満足できる」状況，「十分満足できる」状況，「努力を要する」状況と判断した児童の具体的な状況の例などを示している。「十分満足できる」状況という評価になるのは，児童が実現している学習の状況が質的な高まりや深まりをもっていると判断されるときである。

○　観点別の学習状況について評価する時期や場面の精選について示している

　　報告や改善等通知では，学習評価については，日々の授業の中で児童の学習状況を適宜把握して指導の改善に生かすことに重点を置くことが重要であり，観点別の学習状況についての評価は，毎回の授業ではなく原則として単元や題材など内容や時間のまとまりごとに，それぞれの実現状況を把握できる段階で行うなど，その場面を精選することが重要であることが示された。このため，観点別の学習状況について評価する時期や場面の精選について，「指導と評価の計画」の中で，具体的に示している。

○　評価方法の工夫を示している

　　児童の反応やノート，ワークシート，作品等の評価資料をどのように活用したかなど，評価方法の多様な工夫について示している。

2　各事例概要一覧と事例

事例1　キーワード　指導と評価の計画から評価の総括まで
「夏休みの思い出を報告しよう」（第2学年）

　第2学年〔思考力，判断力，表現力等〕の「A話すこと・聞くこと」(1)イ・エを，夏休みの思い出を報告するという言語活動を通して指導した実践における評価事例を紹介する。

　本事例では，小学校国語科における指導と評価の基本的な考え方について概説する。

事例2　キーワード　「主体的に学習に取り組む態度」の評価
「世代による言葉の違いについて意見文を書こう」（第6学年）

　第6学年〔思考力，判断力，表現力等〕の「B書くこと」(1)イ・ウを，世代による言葉の違いについて意見文を書くという言語活動を通して指導した実践における評価事例を紹介する。

　本事例では，主として「主体的に学習に取り組む態度」の評価方法の一例を示す。

事例3　キーワード　「知識・技能」の評価
「読書に関する情報を読んで活用しよう」（第5学年）

　第5学年〔知識及び技能〕の(1)カ・(2)イを，「C読むこと」(1)ウと関連付け，新聞記事など複数の資料を読んで活用するという言語活動を通して指導した実践における評価事例を紹介する。

　本事例では，主として「知識・技能」の評価方法の一例を示す。

事例4　キーワード　「思考・判断・表現」の評価
「読んで感じたことや考えたことをまとめよう（ごんぎつね）」（第4学年）

　第4学年〔思考力，判断力，表現力等〕の「C読むこと」エ・オを，物語を読んで，理解したことに基づいて，感じたことや考えたことを文章にまとめるという言語活動を通して指導した実践における評価事例を紹介する。

　本事例では，主として「思考・判断・表現」の評価方法の一例を示す。

※　なお，いずれの事例も，授業の一連の流れを示した上で，評価の3観点（「知識・技能」，「思考・判断・表現」，「主体的に学習に取り組む態度」）について，「おおむね満足できる」状況（B）の例，「努力を要する」状況（C）への手立ての例を示している。

単元名	内容のまとまり
夏休みの思い出を報告しよう（第2学年）A話すこと・聞くこと	第1学年及び第2学年〔知識及び技能〕(1)言葉の特徴や使い方に関する事項〔思考力，判断力，表現力等〕「A話すこと・聞くこと」

1　単元の目標

(1)　身近なことを表す語句の量を増し，話の中で使うとともに，語彙を豊かにすることができる。　　　　　　　　　　　　　　　　　　　　〔知識及び技能〕(1)オ

(2)　相手に伝わるように，行動したことや経験したことに基づいて，話す事柄の順序を考えることができる。　　　　　　　　　　　　〔思考力，判断力，表現力等〕A(1)イ

(3)　話し手が知らせたいことを落とさないように聞き，話の内容を捉えて感想をもつことができる。　　　　　　　　　　　　　　　〔思考力，判断力，表現力等〕A(1)エ

(4)　言葉がもつよさを感じるとともに，楽しんで読書をし，国語を大切にして，思いや考えを伝え合おうとする。　　　　　　　　　　　「学びに向かう力，人間性等」

2　単元で取り上げる言語活動

夏休みの思い出について報告したり，それらを聞いて感想を記述したりする。

（関連：〔思考力，判断力，表現力等〕A(2)ア）

3　単元の評価規準

知識・技能	思考・判断・表現	主体的に学習に取り組む態度
①身近なことを表す語句の量を増し，話の中で使っているとともに，語彙を豊かにしている。（(1)オ）	①「話すこと・聞くこと」において，相手に伝わるように，行動したことや経験したことに基づいて，話す事柄の順序を考えている。（A(1)イ）②「話すこと・聞くこと」において，話し手が知らせたいことを落とさないように聞き，話の内容を捉えて感想をもっている。（A(1)エ）	①進んで，相手に伝わるように話す事柄の順序を考え，学習の見通しをもって報告しようとしている。

第3編
事例1

4　指導と評価の計画（全7時間）

時	学　習　活　動	指導上の留意点	評価規準・評価方法等
1	○夏休みの思い出を報告するという学習の見通しをもつ。 ○夏休みの思い出を複数想起し，その中から最も友達に報告したいことを選ぶ。	・児童の伝えたいという思いを引き出すために，教師が自身の思い出を紹介するなどして，学習への意欲を高め，学習の見通しがもてるようにする。 ・夏休みの思い出の中から，伝えたい思いの強さを手掛かりにして，一つを選ぶように指導する。	

2 ・ 3 ・ 4	○「始め－中－終わり」といった話の構成で話すことを確認し，「始め」と「終わり」については先にノートに記述する。 ○「中」の部分については，第1時で選んだ最も報告したい思い出を詳しく想起して，必要な事柄を四つから六つ程度カードにそれぞれ書き出す。 〈カードの種類（例）〉 ・見たこと　・したこと ・かんじたこと　等 ○夏休みの思い出を友達に報告するためにはどのような順序で話したらよく伝わるかを考えながら，ワークシート①の該当箇所にカードを置き，その理由を書く。 ※　ワークシート①参照 ○友達と交流した上で，カードの並び順を見直し，その順序で報告しようと決めた理由をワークシート②に書く。 ※　ワークシート②参照	・上のような図を児童に示し，「始め」には，「いつ・どこで・だれと・どうした」を，「終わり」には，「全体を通して思ったこと」をそれぞれ一文程度で記述できるようにする。 ・選んだ思い出を詳しく想起できるように，日記や写真等を基に，経験や行動を振り返るよう助言する。 ・事物の内容を表す言葉，経験したことを表す言葉，色や形を表す言葉を確認し，カードの中で必ず用いるよう指導する。 ・物事や対象についてどのような順序で説明すると伝わりやすくなるか（例えば，経験した順に並べるなどの時間的な順序，感動の大きかったことの順に並べるなどの事柄の順序）について例を示す。 ・友達が並べたカードの順序と比べてみたり，友達と相談をしたりしながら，並べる順序を考えるよう促す。 ・最初の並び順から交流後に決めた並び順になった過程	［知識・技能①］ <u>カード</u> ・事物の内容を表す言葉，経験したことを表す言葉，色や形を表す言葉の文意に沿った活用状況の確認 ［思考・判断・表現①］ <u>ワークシート①</u> ・カードの並び順とその順序にした理由の確認 ［主体的に学習に取り組む態度①］ <u>観察・ワークシート②</u> ・友達との関わりを通して並び順を見直している様子の確認

		を振り返り，交流後の並び順に決定した理由を書くことができるようにする。	
5・6・7	○声に出して，夏休みの思い出について報告する練習をする。 ○グループ内で夏休みの思い出について報告し合い，質問する。報告が終わったら，ワークシート③に感想を書く。 ※ ワークシート③参照 ○夏休みの思い出を報告するという学習を通して学んだことを振り返る。	・互いの話し方（声の大きさや速さ）について，特に良いと思ったところを伝え合うようにする。 ・グループ編成に際しては，前時で交流していなかった児童に報告できるよう配慮する。 ・聞き手は，話の内容や報告の順序に注意して聞き，それらを踏まえて自分が感じたことをワークシート③の感想欄に記述するように指導する。 ・本単元の目標に則して身に付いたこと，今後の学習や生活の中で生かしていきたいことについて記述できるように助言する。	［思考・判断・表現②］ ワークシート③ ・友達の報告に対する感想についての記述の確認

5 観点別学習状況の評価の進め方

　ここでは，夏休みの思い出を報告する学習における「知識・技能」，「思考・判断・表現」，「主体的に学習に取り組む態度」の評価の事例を紹介する。本事例では，以下に示すワークシート①～③を用いた。

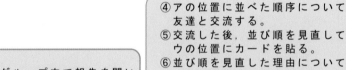

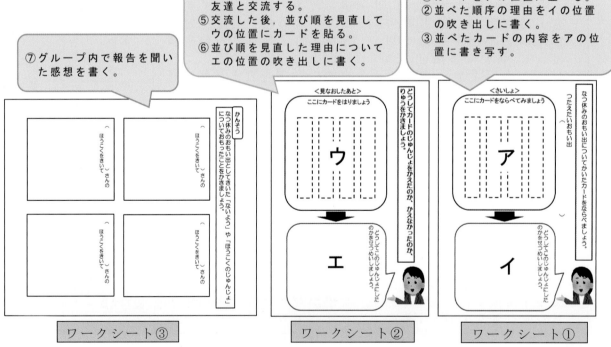

④アの位置に並べた順序について友達と交流する。
⑤交流した後，並び順を見直してウの位置にカードを貼る。
⑥並び順を見直した理由についてエの位置の吹き出しに書く。

①カードをアの位置に並べる。
②並べた順序の理由をイの位置の吹き出しに書く。
③並べたカードの内容をアの位置に書き写す。

⑦グループ内で報告を聞いた感想を書く。

ワークシート③　　　ワークシート②　　　ワークシート①

（1）「知識・技能」の評価

第3編
事例1

> **【知識・技能①】** 身近なことを表す語句の量を増し，話の中で使っているとともに，語彙を豊かにしている。（第2・3・4時）

　【知識・技能①】 は，「中」の部分として書き出したカードの記述内容から評価した。

　ここでは，夏休みの思い出を伝えるための語彙を豊かにすることを目指して，事物の内容を表す言葉，経験したことを表す言葉，色や形を表す言葉を活用して自分の伝えたいことが明確になるように指導する。

　この場面において，文意に沿って不自然にならないように気を付けながら，見たことやしたことなど，それぞれに合わせて言葉を用いている児童を「おおむね満足できる」状況（B）とした。

　具体的には，児童1は右に示す**図1**のように，事物の内容を表す言葉として「いわば」，「あわ」，経験したことを表す言葉として「およいだ」，「つかまえる」，色や形を表す言葉として「青かった」，「ほしの形」の言葉を用いている。そのため，指導内容が踏まえられていると判断し，「おおむね満足できる」状況（B）と評価した。

　一方，夏休みの思い出を表現するために事物の内容を表す言葉，経験したことを表す言葉，色や形を表す言葉のいずれかが活用できなかった児童は「努力を要する」状況（C）とした。その場合，教師が当該児童の夏休みの思い出に合わせて，具体的な表現の例をいくつか示すようにした。

＜さいしょ＞

◆ 見たこと（うみは青かった）
◆ したこと（すなはまについてうみでおよいだ）
◆ 見たこと（ほしのかたちのようなヒトデを見た）
◆ したこと（いわばで、カニをつかまえると、あわを出していた）

どうしてこのじゅんじょにしたのかをせつめいしましょう

ぼくは、うみについてから見たことやしたことのじゅんばんにつたえようとおもいました。どうしてかというと、じゅんばんにせつめいすると、ぼくの見たことやしたことをともだちによくつたえることができるとおもったからです。

図1：児童1がワークシート①
に並び順を書き写したもの

（2）思考・判断・表現の評価

> **【思考・判断・表現①】**「話すこと・聞くこと」において，相手に伝わるように，行動したことや経験したことに基づいて，話す事柄の順序を考えている。（第2・3・4時）
>
> **【思考・判断・表現②】**「話すこと・聞くこと」において，話し手が知らせたいことを落とさないように聞き，話の内容を捉えて感想をもっている。（第5・6・7時）

　【思考・判断・表現①】 は，話す事柄が書かれたカードを操作している様子を観察したり，どのような意図に基づいて操作をしているのかを児童に質問したりして評価した。しかし，一斉に活動している全児童の様子を一人の教師で把握するのは困難である

ため，カードの順序を決定した理由をワークシート①「イ」に記述させ，その内容を評価の主な対象とした。

　ここでは，夏休みの思い出を友達に報告するために，物事や対象についてどのような順序（時間的な順序や事柄の順序）で説明すると伝わりやすくなるか指導を行った。その際，時間的な順序や事柄の順序に基づいてカードを操作し，それを踏まえてワークシート①「イ」に感想を記述している児童を「おおむね満足できる」状況（B）とした。

　具体的には，児童1は，ワークシート①「イ」に書かれているように，時間的な順序に沿ってカードを並べる順番を決めていると判断し，「おおむね満足できる」状況（B）と評価した。

　一方，時間的な順序や事柄の順序に沿ってカードを並べることができなかったために，「努力を要する」状況（C）と判断した児童には，カードに書いた事柄から，これを夏休みの思い出にした理由を想起させ，どのような順序だったら相手に伝えたい内容が伝わるのか教師と一緒に検討した。

　なお，順番を考える際に，時間的な順序や事柄の順序を考えるとともに，聞き手に与える印象や効果まで含めた理由を記述している児童を「十分満足できる」状況（A）とした。

　【思考・判断・表現②】は，ワークシート③の記述を通して評価した。その際，話し手が実際に話した内容と照らし合わせながら行った。ここでは，話を聞く際に，「話し手が知らせたいことを落とさないように聞くこと」，「感想を記述すること」の2点を指導している。そのため，話し手が知らせたい夏休みの思い出を正確に聞き取り，その内容を捉えて感想を記述している児童を「おおむね満足できる」状況（B）とした。

　具体的には，児童は**図2**のとおり，感想の中で，「たろうさん」が夏休みの思い出として海に行ったことを取り上げたことや，さらにその中でも「カニ」の具体的な様子や「ヒトデ」を見たことなどを取り上げて書いている。また，「わたしも，うみにいきたくなりました」と，話の内容を捉えて自分の感想を記述していると判断し，「おおむね満足できる」状況（B）と評価した。

（たろう　）さんの
ほうこくをきいて

たろうさんのなつ休みのおもい
出をきいて、うみでたいけんした
ことがよくわかりました。
はじめに、はっけんしたカニの
ようすをはなしてくれたので、た
ろうさんのおどろきがよくつた
わってきました。
それから、すなはまでおよいだ
ことやヒトデを見たこともわかり
ました。
わたしも、うみにいきたくなり
ました。

図2：ワークシート③に児童2が書いた感想

　一方，「努力を要する」状況（C）と判断した児童には，報告があった内容について話し手に質問して確認するように促し，また，「おもしろそう」，「たのしそう」などの言葉を例示し，自分の気持ちに合う言葉を選んで表現できるようにした。

　なお，話の内容を踏まえて，自分がこれまで経験したことと関連付けながら感想を述べている児童を「十分満足できる」状況（A）とした。

（3）「主体的に学習に取り組む態度」の評価

【主体的に学習に取り組む態度①】 進んで，相手に伝わるように話す事柄の順序を考え，学習の見通しをもって報告しようとしている。（第2・3・4時）

　【主体的に学習に取り組む態度①】 は，実際にカードを並べている様子（発言・行動）の観察やワークシート②「エ」の記述内容から評価した。

　低学年の児童にとって自らの学習を調整することには難しい面もあるが，中・高学年において実現できるように，その基礎を少しずつ築いていく必要がある。

　そのため，本単元においては「聞き手に伝えたい」，「これを伝えたい」という思いを実現させるため，一人一人の児童が友達や教師との関わりの中で自身の学びを見つめて，それをより良くするための試行錯誤を図ることができるようにした。例えば，話す事柄の順序を考える際に，カードの並べ方について友達に相談している様子が確認できた児童を「おおむね満足できる」状況（B）とした。

　具体的には，児童1は，最初は海に着いてからしたことを時間的な順序で報告しようとしていたが，**図3**の記述から友達のカードと見比べてカードを入れ替えようとしていると判断し，「おおむね満足できる」状況（B）と評価した。ただし，ワークシート②「エ」の記述だけでは並び順を検討しようとしている様子が十分確認できない児童については，必要に応じて問いかけるなど，記述の理由を確認しながら評価することも大切である。

　一方，友達や教師との関わりを通して，カードの並び順を検討しようとしている様子が確認できなかった児童は「努力を要する」状況（C）とした。教師は，「他の並び順と比べてみたか」，「どのような並び順が分かりやすいのか」，「どのようなことが心に残っているのか」などについて問いかけ，カードの並び順の工夫に留意させるようにした。

6　観点別学習状況の評価の総括

　「知識・技能」，「思考・判断・表現」，「主体的に学習に取り組む態度」の評価の中で記録に残すものについては，単元の評価規準に基づき，「**4　指導と評価の計画**」に示した時間や学習活動のまとまりごとに，その実現状況をみていく。その上で，時間や学習活動のまとまりごとに行った評価結果を総括する。

　本単元では，児童の学習状況を把握する際に，観点ごとの評価規準に照らして適切に評価できるよう，評価メモ（**表1**参照）を作成した。評価メモには，評価の観点，単元の評価規準，時間，評価方法，評価等について記載する欄を設け，一人一人の児童の実現状況を確認・記録できるようにしている。

＜見なおしたあと＞

| したこと（いわばで、カニをつかまえると、あわを出していた） | したこと（すなはまについてうみでおよいだ） | 見たこと（ほしのかたちのようなヒトデを見た） | 見たこと（うみは青かった） |

どうしてこのじゅんじょにしたのかをせつめいしましょう

ぼくは、したことの中から、こころにのこっている「カニがあわを出したこと」をさいしょにつたえることにしました。そのわけは、ともだちがこころにのこっていることからはなしているのをきいて、そのほうがともだちにつたえたいことがよくつたわるなあとおもったからです。

図3：ワークシート②に児童1が書いた順序についての説明

評価できるよう，評価メモ（**表1**参照）を作成した。評価メモには，評価の観点，単元の評価規準，時間，評価方法，評価等について記載する欄を設け，一人一人の児童の実現状況を確認・記録できるようにしている。

評価規準に照らし，「おおむね満足できる」状況（B）にあると判断した児童については，「評価」欄に「B」と記録している。また，「おおむね満足できる」状況（B）と判断した児童のうち，さらに質的な高まりや深まりが見られた児童は，「十分満足できる」状況（A）と判断し，「評価」欄に「A」と記録している。「努力を要する」状況（C）にあると判断した児童がいる場合には，「評価」欄に「C」と記録するとともに，その児童が「おおむね満足できる」状況（B）を実現するために教師が行った指導について備考欄に付記することも考えられる。

そして，「単元における評価」欄には，単元の学習を終えた時点で児童がどのような状況にあるのかを記録している。

単元の中で重点的に指導及び評価する指導事項については，該当する「単元の評価規準」欄に◎印を記載しており，「思考・判断・表現」については，単元における観点別学習状況の総括を行っている。例えば，児童2は**表1**の「単元の評価規準」欄を踏まえ，「思考・判断・表現」の単元における評価を「十分満足できる」状況（A）と総括した。

表1 「評価メモ」の例

評価の観点		知識・技能	単元における評価	思考・判断・表現		単元における評価	主体的に学習に取り組む態度	単元における評価
単元の評価規準（※◎印は重点）		①		①（◎）	②		①	
時　間		2・3・4		2・3・4	5・6・7		2・3・4	
評価方法		カード		ワークシート①	ワークシート③		観察・ワークシート②	
評価	児童1	B	B	B	B	B	B	B
	児童2	B	B	A　聞き手に伝えるための効果的な表現について記述あり。	B	A	B	B
	児童3	A　見たことやしたことについて思ったことを加えていたり，様子を表す言葉を用いたりしている。	A	A　聞き手に与える印象の記述あり。	A　自分の経験と関連付けた感想あり。	A	A　友達の並び順について助言あり。	A

7 「年間指導計画」に基づいた評価の系統化・重点化

国語科においては，一つの指導事項を年間で複数回繰り返し取り上げて指導することが多い。それは国語科の指導内容が螺旋的・反復的に繰り返しながら資質・能力の定着を図ることを基本としているからである。そのため，年間を見通して当該単元の指導目標や単元の評価規準を設定することが重要になる。

本事例は，第2学年「A話すこと・聞くこと」の年間指導計画表（**表2**参照）に基づいて作成した。この表では，縦軸に指導事項を示し，横軸に単元名を示している。指導

事項の〇印は，当該単元で指導及び評価する内容を表し，◎印は，重点的に指導及び評価する内容を表している。例えば，本単元では，**表2**に示す〔思考力・判断力・表現力等〕のイ及びエを評価することとしており，そのうちイの指導事項を重点的に指導し，評価することとしている。ア，ウ及びオについては，前後の単元において評価を計画的に位置付けている。なお，〔知識及び技能〕については，「B書くこと」，「C読むこと」の指導においても位置付けている。そのため，全体を一覧することができる年間指導計画表の作成が必要である。

　本事例では，単元において取り上げる指導事項のうち，重点的に指導及び評価する事項を設定し，評価の総括を行う事例を示したが，総括の方法としては様々なものが考えられることに留意する必要がある。（第1編第2章1（5）も参照のこと。）

表2 「年間指導計画表」の例 （第2学年「A話すこと・聞くこと」の一部を抜粋）

			指導事項・言語活動例	No	1	2	3 夏休みの思い出を報告しよう	4	5
第2学年			単元名		□□□□□□	□□□□□		□□□□□	□□□□□
			授業時数		6	7	7	7	8
〔知識及び技能〕	(1)	ア	言葉には,事物の内容を表す働きや,経験したことを伝える働きがあることに気付くこと。					○	○
		イ	音節と文字との関係,アクセントによる語の意味の違いなどに気付くとともに,姿勢や口形,発声や発音に注意して話すこと。		○	◎			
		ウ	長音,拗音,促音,撥音などの表記,助詞の「は」,「へ」及び「を」の使い方,句読点の打ち方,かぎ(「 」)の使い方を理解して文や文章の中で使うこと。また,平仮名及び片仮名を読み,書くとともに,片仮名で書く語の種類を知り,文や文章の中で使うこと。						
		エ	第1学年においては,別表の学年別漢字配当表(以下「学年別漢字配当表」という。)の第1学年に配当されている漢字を読み,漸次書き,文や文章の中で使うこと。第2学年においては,学年別漢字配当表の第2学年までに配当されている漢字を読むこと。また,第1学年に配当されている漢字を書き,文や文章の中で使うとともに,第2学年に配当されている漢字を漸次書き,文や文章の中で使うこと。						
		オ	身近なことを表す語句の量を増し,話や文章の中で使うとともに,言葉には意味による語句のまとまりがあることに気付き,語彙を豊かにすること。				○		
		カ	文の中における主語と述語との関係に気付くこと。			○			
		キ	丁寧な言葉と普通の言葉との違いに気を付けて使うとともに,敬体で書かれた文章に慣れること。						
		ク	語のまとまりや言葉の響きなどに気を付けて音読すること。						
	(2)	ア	共通,相違,事柄の順序など情報と情報との関係について理解すること。						◎
	(3)	ア	昔話や神話・伝承などの読み聞かせを聞くなどして,我が国の伝統的な言語文化に親しむこと。						
		イ	長く親しまれている言葉遊びを通して,言葉の豊かさに気付くこと。						
		ウ	書写に関する次の事項を理解し使うこと。 (ア) 姿勢や筆記具の持ち方を正しくして書くこと。 (イ) 点画の書き方や文字の形に注意しながら,筆順に従って丁寧に書くこと。 (ウ) 点画相互の接し方や交わり方,長短や方向などに注意して,文字を正しく書くこと。						
		エ	読書に親しみ,いろいろな本があることを知ること。						
〔思考力、判断力、表現力等〕	(1)	ア	身近なことや経験したことなどから話題を決め,伝え合うために必要な事柄を選ぶこと。			○		◎	
		イ	相手に伝わるように,行動したことや経験したことに基づいて,話す事柄の順序を考えること。				◎		○
		ウ	伝えたい事柄や相手に応じて,声の大きさや速さなどを工夫すること。		○				
		エ	話し手が知らせたいことや自分が聞きたいことを落とさないように集中して聞き,話の内容を捉えて感想をもつこと。			◎	○		
		オ	互いの話に関心をもち,相手の発言を受けて話をつなぐこと。					○	◎
言語活動例	(2)	ア	紹介や説明,報告など伝えたいことを話したり,それらを聞いて声に出して確かめたり感想を述べたりする活動。		○		○		
		イ	尋ねたり応答したりするなどして,少人数で話し合う活動。					○	○
			(上記以外の言語活動)			○			

第3編
事例1

— 50 —

キーワード　「主体的に学習に取り組む態度」の評価

単元名	内容のまとまり
世代による言葉の違いについて意見文を書こう 　　　（第６学年）Ｂ書くこと	第５学年及び第６学年 〔知識及び技能〕(3)我が国の言語文化に関する事項 〔思考力，判断力，表現力等〕「Ｂ書くこと」

1　単元の目標

(1) 世代による言葉の違いに気付くことができる。　　　　　　　　　　〔知識及び技能〕(3)ウ

(2) 筋道の通った文章となるように，文章全体の構成や展開を考えることができる。

　　　　　　　　　　　　　　　　　　　　　　　　　　〔思考力，判断力，表現力等〕Ｂ(1)イ

(3) 事実と感想，意見とを区別して書くなど，自分の考えが伝わるように書き表し方を工夫することができる。　　　　　　　　　　　　　　　　　〔思考力，判断力，表現力等〕Ｂ(1)ウ

(4) 言葉がもつよさを認識するとともに，進んで読書をし，国語の大切さを自覚して思いや考えを伝え合おうとする。　　　　　　　　　　　　　　　　　　　「学びに向かう力，人間性等」

2　単元で取り上げる言語活動

　世代による言葉の違いについて，書き表し方を工夫して意見文を書く。

　　　　　　　　　　　　　　　　　　　（関連：〔思考力，判断力，表現力等〕Ｂ(2)ア）

3　単元の評価規準

知識・技能	思考・判断・表現	主体的に学習に取り組む態度
①世代による言葉の違いに気付いている。（(3)ウ）	①「書くこと」において，筋道の通った文章となるように，文章全体の構成や展開を考えている。（Ｂ(1)イ） ②「書くこと」において，事実と感想，意見とを区別して書くなど，自分の考えが伝わるように書き表し方を工夫している。（Ｂ(1)ウ）	①粘り強く，自分の考えが伝わるように書き表し方を工夫し，学習の見通しをもって意見文を書こうとしている。

4 指導と評価の計画（全9時間）

時	学 習 活 動	指導上の留意点	評価規準・評価方法等
1	○これまでの国語科の学習の中で古文に触れた経験を想起し，古文の言葉が現代の言葉と一部異なっていたことを振り返る。 ○現代であっても，保護者や地域の大人などの上の世代との会話において戸惑いや難しさを覚えた経験はないかということについて交流する。 ○戸惑いや難しさの原因が何であるのかを調べるとともに，調べて分かったことを基に意見文を書き，それらを文集にまとめるという学習の見通しをもつ。	・「枕草子」や「平家物語」の文章，「狂言」の台詞などを思い出させ，古文の中で用いられていた言葉と現代の言葉の違いに気付くようにする。 ・「話がどうも通じない」，「意味が分からない」，「馴染みのない言葉が出てくる」，「難しい」など，上の世代が発する言葉に漠然と感じた戸惑いや上の世代との会話の難しさに目を向けるように助言する。 ・完成した文章の読み手は学級の友達とし，文章は文集の形にまとめて学級内で共有するという見通しがもてるようにする。	
2 ・ 3 ・ 4 ・ 5	○上の世代との会話において感じる戸惑いや難しさの原因が何であるのかを予想する。 ○戸惑いや難しさの原因を理解する手がかりとなる情報を資料から収集し，「調べたこと（事実）」としてノートに整理する。また，整理した情報から「分かったこと」もノートに書く。 ○ノートにまとめたことを友達と説明し合い，相互に質問したり気付いたりしたことを伝えたりして，自分の考えを整理する。 ○考えたことを読み手に伝えるために，文章全体の構成をどのようにするかを考え，文章構成表に整理する。	・資料として「国語に関する世論調査」（文化庁）を紹介し，活用を勧める。 ・収集した情報は，出典を記録しておくように指導する。 ・収集した情報を使って戸惑いや難しさの原因を説明できるか，情報と「分かったこと」が対応しているか，「分かったこと」が明確かという点を友達と確認するように指導する。必要があれば修正を求める。 ・「始め」，「中」，「終わり」の各部分に書く内容の大体と配置を考えるように促す。 ・読み手の関心を引くために，「始め」において問いかけた	［知識・技能①］ ノート ・世代によって使用する言葉に違いがあることに気付いているかの確認 ［思考・判断・表現①］ 文章構成表 ・筋道の通った文章構成になっているかの確認

		り，自分の経験を示したりする工夫を盛り込むようにする。 ・頭括型，尾括型，双括型の文章モデルを示す。 ・必要に応じて文章構成の修正を指導する。	
6 ・ 7 ・ 8 ・ 9	○ノートに整理したことと文章構成表に基づいて下書きをする。 ○友達と下書きを読み合う。 ○下書きを修正し，それを基に清書する。 ○清書した意見文を友達と読み合う。 ○学習全体を振り返る。	・下書きを書く際は，客観的な事象による裏付けと合わせて自分が考えたことを示すという点に留意して，書き表し方を工夫できるよう助言する。 ・書き表し方について友達と助言し合うよう促す。 ・完成後は友達の考えや書き表し方のよさを伝え合い，自分の文章のよいところに気付けるようにする。 ・自分の考えたことを伝えるために，どのように書き表し方を工夫したのかを振り返らせる。	［思考・判断・表現②］ 意見文 ・考えを伝えるために書き表し方を工夫しているかの確認 ［主体的に学習に取り組む態度①］ 振り返りの記述 ・粘り強く試行錯誤しながら書き表し方を工夫しているかの確認

5　観点別学習状況の評価の進め方

　ここでは，　世代による言葉の違いについて意見文を書く学習における，「知識・技能」，「思考・判断・表現」，「主体的に学習に取り組む態度」の評価の事例を紹介する。本事例では，「主体的に学習に取り組む態度」の評価について詳細に説明する。

（1）「知識・技能」の評価

> 【知識・技能①】世代による言葉の違いに気付いている。（第2・3・4・5時）

　【知識・技能①】は，世代によって使用する言葉に違いがあるということに気付いているかどうかをノートの記述によって評価した。

　ここでは，特に上の世代との会話において，児童が日頃感じている戸惑いや難しさの原因を予想するとともに，「国語に関する世論調査」を活用して原因を理解する手がかりとなる情報を調べるように指導した。その際，使用している言葉が世代によって一部異なっていることを示す情報を発見し，そこから分かったことをノートに記述している児童を「おおむね満足できる」状況（B）とした。例えば，図1に示す児童1は，漢字を用いた言い方とカタカナを用いた言い方，及び「〜る」，「〜い」という言い方について世代ごとの傾向に関する情報を資料から収集し，ノートに整理している。そして，高齢者が漢字を用いた表現をよく使う傾向にあることや「パニクる」，「うざい」などの言葉を使う割合が若い世代と高齢者で異なるということを記述している。このような記述から，「おおむね満

足できる」状況（B）と評価した。

一方，世代による言葉の違いに気付くことができていない児童は，「努力を要する」状況（C）とした。例えば，若い世代がよく使う言葉を数点調べただけで，世代間の違いを見出すまでには至っていないような児童である。そのような児童に対しては，教師が「それぞれの世代がよく使う言葉について，他の世代ではどれくらい使っているか。」などと問いかけることによって，世代による言葉の違いに気付くことができるようにした。

なお，世代による言葉の違いがあることに気付くだけでなく，世代による言葉の違いは，言葉によって程度が異なるということにも気付いている児童は，「十分満足できる」状況（A）とした。

言葉の使い方について調べた結果

調べたこと①（事実）

「漢字を用いた言い方と同じような意味で使われるカタカナを用いた言い方のどちらの言葉を主に使うか」

文化庁「国語に関する世論調査」の結果（平成27年度）

	16〜19才	70才以上
アーティスト	61.9%	11.6%
芸術家	17.9%	75.6%
スタジアム	41.7%	28.3%
競技場	33.3%	55.7%
リベンジ	91.7%	27.6%
雪辱	3.6%	52.3%
アスリート	69.0%	17.1%
運動選手	11.9%	69.6%

分かったこと①

・16〜19才はカタカナを用いた言い方をよく使う。
・70才以上は漢字を用いた言い方をよく使う。

調べたこと②（事実）

「「〜る」，「〜い」を使うことがあるか」

文化庁「国語に関する世論調査」の結果
（平成25・26年度）

「使うことがある」と回答した割合

	16〜19才	70才以上
パニクる	70.7%	17.2%
お茶する	53.7%	37.9%
うざい	78.0%	1.1%
やばい	91.5%	5.1%

分かったこと②

・「〜る」や「〜い」という言葉を使う割合は，16〜19才と70才以上で大きなちがいがある。

図1：児童1のノート

（2）「思考・判断・表現」の評価

> 【思考・判断・表現①】「書くこと」において，筋道の通った文章となるように，文章全体の構成や展開を考えている。（第2・3・4・5時）
> 【思考・判断・表現②】「書くこと」において，事実と感想，意見とを区別して書くなど，自分の考えが伝わるように書き表し方を工夫している。（第6・7・8時）

【思考・判断・表現①】は，作成した文章構成表を確認することで評価した。

ここでは，「始め」，「中」，「終わり」の各部分に書く内容の大体と配置を考えさせ，それらを文章構成表に整理するよう指導した。その際，資料から収集した情報と，その情報から分かったことが対応しており，全体として筋道の通った構成を考えている児童を「おおむね満足できる」状況（B）とした。例えば，児童2は，図2に示したように自身の経験と読み手への問いかけを「始め」において提示し，「中」では資料から得た2種類の情報とそこから分かったことを順に並べ，まとめとして自らの考えを「終わり」に述べるような構成を選択している。このため，「始め」，「中」，「終わり」の各部分とそこに含まれる要素が繋がりをもって適切に配置されていると判断し，「おおむね満足できる」状況（B）と評価した。

終わり	中	始め
○世代によって言い方がちがったりすることがある。 ↓ふだん友達と話している言葉 ↓ちがう世代には通じないかもしれない。 ○相手に正しく伝わっているかどうかを確かめて使う。 ↓味がちがったり、同じ言葉でも意	文化庁「国語に関する世論調査」から ①世代による言い方のちがい（平成二十七年度調査より） ○どちらを主に使うか　十六から十九才　六十一・九％ 「アーティスト」と　七十才以上　七十五・六％ 「芸術家」 「スタジアム」と「競技場」 「リベンジ」と「雪辱」 「アスリート」と「運動選手」 ↓十六から十九才　カタカナを使うことが多い。 七十才以上　漢字を使うことが多い。 ②世代による言葉の意味のちがい（平成二十六年度調査より） ○「やばい」の意味（使い方） 「とてもすばらしい」という意味で「やばい」という言い方をすることが「ある」 十六から十九才　九十一・五％ 「とてもすばらしい」という意味で「やばい」という言い方をすることが「ない」 五十代以上　八十％以上 ↓「やばい」という同じ言葉でも、十六から十九才の人と五十代以上の人とではちがう意味で使っている。	・自分の体験（祖父との会話） 祖父「えもんかけ」という言葉 意味が分からなくてこまった。 他にも「えりまき」（マフラー）「さじ」（スプーン）という言葉も出てくる。 ↓「ハンガー」と言えばすぐ分かるのに、どうして「えもんかけ」なんて言うのか。世代で言い方がちがうのか。

図2：児童2の文章構成表

　一方，全体として筋道が通った構成を考えられていない児童は，「努力を要する」状況（C）とした。例えば，「始め」において提示した問題と「終わり」の考えがつながっていなかったり，「中」に示された「分かったこと」が調べた情報と整合していなかったりした場合である。そのような児童に対しては，ノートに整理した情報（事実）と感じたことや考えたこと（感想・意見）を見直させながら，それらをどのように配置するのかを教師と一緒に検討する中で文章構成を修正していった。

　なお，「中」において提示する複数の事実をあえて対立する内容にするなどして，「終わり」で示す自分の考えをさらに印象付けるような構成にしている児童は「十分満足できる」状況（A）とした。例えば，世代による言葉の違いがあるという事実を列挙した後に，世代が異なっても使用している言葉の大半は共通しているという事実も示して，積極的にコミュニケーションをとろうとする姿勢の大切さを伝えようとしているような場合である。

　【思考・判断・表現②】については，自分の考えが伝わるように，書き表し方の工夫がされているかどうかを評価した。

　本単元においては，自分の考えが伝わるようにするために，「事実」を客観的に示すこと，「事実」と「感想・意見」を関連させて提示すること，文末表現などによって「事実」と「感想・意見」とを明確に区別することが重要であることを指導した。また，「感想・意見」の客観的な裏付けとなるように，「事実」の出典を示したり，具体的な数値を記述したりする必要があることも指導している。そこで，信頼できる資料から得られた情報が，割合などの数値を伴って示され，それに基づいて分かったことや考えたことが書かれている場合は，「おおむね満足できる」状況（B）とした。

　一方，「事実」と「感想・意見」との関係が不明瞭であったり，「感想・意見」の裏付けとなる「事実」が不十分であったり，文末表現が不適切であったりした児童は，「努力を要する」状況（C）とした。そのような児童には，資料から収集した情報（事実）から分かったことや考えたことを教師が例示したり，適切な文末表現について児童に問いかけて考えさせたりして修正につながるようにした。

なお，調べた「事実」を羅列するだけでなく，それらについて分かったことをまとめる文を書き，接続する語句を用いて，自分の意見について書いた文と適切につなげるなど，自分の考えがより明確に伝わるように書いている児童を「十分満足できる」状況（A）とした。

（3）「主体的に学習に取り組む態度」の評価

> **【主体的に学習に取り組む態度①】** 粘り強く，自分の考えが伝わるように書き表し方を工夫し，学習の見通しをもって意見文を書こうとしている。（第6・7・8時）

【主体的に学習に取り組む態度①】 は，自身の書き表し方の状態を理解し，それをさらに改善しようとしているかどうかという点を評価した。

本単元においては，「事実と感想，意見とを区別して書く」という書き表し方の工夫について学習している。これを受けて，記述の際の学習の振り返りとして，「事実と感想，意見とを区別して書く」ために「どのようなことに気を付けたか」，「どのような工夫をしたか」などを想起させ，ノートに書かせることにした。同時に，友達や教師から受けた指摘や助言，自ら気が付いたことを踏まえて，いつどのような修正を行っていくか，改善の内容や見通しについても振り返りの中に記述していくよう指導した。そこで，自身の書き表し方の工夫について振り返っているとともに，友達や教師と交流した際に得た指摘や助言を踏まえて書き表し方をさらに良いものにしようと粘り強く試行錯誤する様子が見られた児童は，「おおむね満足できる」状況（B）とした。

【友達の指摘】
「芸術家」という言い方〜分かりました。」の文が，事実と分かったことが混ざっていてちょっと分かりにくいよ。

Aさん

【児童3が下書きした「中」の一部】
文化庁が行った「国語に関する世論調査」に，「漢字を用いた言い方と同じような意味で使われるカタカナを用いた言い方のどちらを主に使うか」を世代別に調査したこう目があります。そこには，例えば，「アーティスト」という言い方を主に使う人もいれば，「芸術家」という言い方をする人も主にいるという結果が示されていて，「芸術家」という漢字を用いている人は七十才以上の人に多いことが分かりました。この他，わたしたちが「リベンジ」「アスリート」と言っている言葉について七十才以上の人は「雪辱（せつじょく）」「運動選手」のように漢字を用いた言い方をすることが多いという結果になっています。世代によって主に使う言い方はちがうようです。

【第6時の振り返り】
同じ意味の言葉でも世代によって言い方がちがうということを伝えるために，「国語に関する世論調査」の情報を使いました。「芸術家」という言い方について書いたところが分かりにくいとAさんに言われました。確かに読みにくいので，次の時間に文を切って，事実と分かったことをはっきり分けてみようと思います。

図3：第6時における児童3の意見文の一部と振り返りの記述

例えば，**図3**に示したように，児童3は第6時の学習を振り返って「事実を示すために世論調査の情報を用いたこと」を想起するとともに，「『事実と分かったことが混同していて分かりにくい』という指摘をAさんから受けたこと」や「Aさんの指摘を受けて次時に修正する意向であること」についても記述している。

児童3の振り返りの記述を読んだ教師もまた助言を行っている。児童3が下書きした「中」（図3）は，提示されている「事実」が「漢字を用いた言い方とカタカナを用いた言い方」に関する情報のみであり，「終わり」で述べようとしている意見の裏付けとしては弱いと判断した教師は，さらに**図4**にあるように「事実」の書き足しを児童3に勧めた。

児童3は，友達の指摘や教師の助言を踏まえて，**図5**のように修正を試みている。

さらに，第7時においては，修正した下書き（図5）に対する意見をBさんに求めている。Bさんからは「数字がはっきりしていない情報があること」を指摘されたため，児童3はその点を振り返りに記述し，納得した上で次の時間に修正しようとしている。

文を切って，事実と分かったことをはっきり分けたら，分かりやすくなりそうですね。

文章のまとめとして「世代がちがう人と話す時は，他の言葉に言いかえて説明する必要もある」，「相手に正しく伝わっているかどうかを確かめて言葉を使うべき」といった意見を書くのであれば，ノートに整理してあった「やばい」の意味のとらえ方が世代によってちがうことも書き足してはどうですか。説得力が増すと思いますよ。

図4：教師が児童3の振り返りに添えた助言

こうしたことから，児童3は，書き表し方の工夫について振り返っているとともに，友達や教師と交流した際に得た指摘や助言を踏まえて書き表し方をさらに良いものにしようと粘り強く試行錯誤する様子が見られたと判断し，「おおむね満足できる」状況（B）とした。

【友達の指摘】

Bさん

「若い人」って何才くらいなのかはっきりさせると良いと思うな。他にも，最初に示した世論調査は何年に行われたのかが分からないよ。

【第7時の振り返り】

事実と分かったことをはっきり分けて書いてみました。先生からもアドバイスを受けたので，「やばい」の例も加えてみました。ずいぶんくわしくなった気がします。

でも，Bさんから，年れいなどをはっきりさせてはどうかと言われました。なるほどと思いました。ノートを確にんして，次の時間に修正しようと思います。

【児童3が修正した下書き（「中」の部分）】

文化庁が行った「国語に関する世論調査」に，「漢字を用いた言い方と同じような意味で使われるカタカナを用いた言い方のどちらを主に使うか」を世代別に調査した項目があります。そこには，例えば，「アーティスト」という言い方を主に使う人もいれば，「芸術家」という言い方をする人もいるという結果が示されています。わかい人の六十一・九％は「アーティスト」，七十才以上の人の七十五・六％は「芸術家」と言っているようです。七十才以上の世代は，この他にも，私たちが「リベンジ」，「アスリート」と言っている言葉を「雪辱（せつじょく）」，「運動選手」のような言い方をしていることが多いという結果になっています。こうしたことから，世代によって主に使う言い方はちがうということがわかります。

また，世代によって同じ言葉であっても意味のとらえ方が変わることもあります。平成二十六年度に行われた世論調査では，「やばい」の使われ方が取りあげられています。それによると，十六才から十九才の九十一・五％が「やばい」を「とてもすばらしい」という意味で使っています。しかし，五十代以上は八十％以上が「とてもすばらしい」という意味では使っていないという結果になっています。世代によって，「やばい」という言葉の意味がちがうようです。

図5：第7時における児童3の意見文の一部と振り返りの記述

一方，書き表し方を振り返って，修正の見通しがもてなかったり，書き表し方を改善しようとする姿勢を見せなかったりした児童に対しては，どのようなことにつまずいているのか相談にのったり，振り返るポイントを示したりして，教師が書き表し方の修正を助言した。

児童4が第6時に書いた振り返りには，調べたことと分かったことが「中」に書けており，下書きはよくできているため，このまま清書したいと書かれていた。また，児童4は友達との交流にもあまり積極的に参加しておらず，自分の意見文の書き表し方をさらに良いものにしようという試行錯誤の様子を確認することができなかった。このため，教師から「もっと良くできるところはないかな，もう一度考えてみよう。」などと助言した。

【意見文の「始め」の一部】
　最近，みんなが「やばい」という言葉をよく使っています。楽しいときも，悲しいときも，何でも「やばい」一つで表現できて便利です。でも，時々どんな意味の「やばい」なのか分からないこともあります。

【第7時の振り返り】
　友達の意見を聞いて，「やばい」という言葉の良いところだけを「始め」に書いたのでは，「終わり」の意見とうまくつながらないと思ったので，こまることも書いてみました。

図6：第7時における児童4の意見文の一部と
　　　振り返りの記述

　その結果，児童4は，図6のように下書きの内容を見直した。第7時の振り返りから，友達の助言を受けて粘り強く試行錯誤し，書き表し方を工夫しようとしていることが確認できることから，「おおむね満足できる状況」（B）と評価した。

　なお，結果的に自分の下書きを修正しなかった児童であっても，友達からの意見やアドバイスについての修正の可能性を検討するなど，粘り強く試行錯誤する様子を確認することができた場合には「おおむね満足できる状況」（B）と評価した。

　一方，自身の下書きを見直す中で，自ら修正点に気付き，それを進んで修正するとともに，友達や教師に自身の修正状況などを説明して積極的に助言を求めたり，教科書や学校図書館の科学的読み物に掲載されている意見文と見比べたりしながら書き直しの試行錯誤を行っているということが，振り返りの記述や下書きの変容から確認できる児童は「十分満足できる」状況（A）にあるとした。

国語科　　事例3
キーワード　「知識・技能」の評価

単元名	内容のまとまり
読書に関する情報を読んで活用しよう （第5学年）C読むこと	第5学年及び第6学年 〔知識及び技能〕(1)言葉の特徴や使い方に関する事項 　　　　　　　(2)情報の扱い方に関する事項 〔思考力，判断力，表現力等〕「C読むこと」

1　単元の目標

(1)　文章の構成について理解することができる。　　　　　　　　　　〔知識及び技能〕(1)カ

(2)　情報と情報との関係付けの仕方，図などによる語句と語句との関係の表し方を理解し使うことができる。　　　　　　　　　　　　　　　　　　　　　　　　〔知識及び技能〕(2)イ

(3)　目的に応じて，文章と図表などを結び付けるなどして必要な情報を見付けることができる。
　　　　　　　　　　　　　　　　　　　　　　〔思考力，判断力，表現力等〕C(1)ウ

(4)　言葉がもつよさを認識するとともに，進んで読書をし，国語の大切さを自覚して思いや考えを伝え合おうとする。　　　　　　　　　　　　　　　　　「学びに向かう力，人間性等」

2　単元で取り上げる言語活動

新聞記事など複数の情報を読んで活用する。　　　（関連：〔思考力，判断力，表現力等〕C(2)ウ）

3　単元の評価規準

知識・技能	思考・判断・表現	主体的に学習に取り組む態度
①文章の構成について理解している。（(1)カ） ②情報と情報との関係付けの仕方，図などによる語句と語句との関係の表し方を理解し使っている。（(2)イ）	①「読むこと」において，目的に応じて，文章と図表などを結び付けるなどして必要な情報を見付けている。（C(1)ウ）	①粘り強く，情報と情報との関係付けの仕方，図などによる語句と語句との関係の表し方を理解して使い，学習課題に沿って，情報を読んで活用しようとしている。

4　指導と評価の計画（全6時間）

時	学習活動	指導上の留意点	評価規準・評価方法等
1	○読書月間に際して，自分たちの読書生活や自分たちの学校の取組を振り返る。 ○自分たちが住んでいる市の読書推進に関する情報を知るにはどのような方法があるかを知る。 ○読書推進に関する取組について，複数の情報を読んで，図にまとめるという学習の見通しをもつ。	・読書の量や傾向，読書の楽しさ，読書をしない原因などを観点として示し，読書への関心を高める。 ・新聞記事，図書館だより，広報誌，インターネットのウェブサイトを提示する。 ・多くの情報には，文章だけでなく写真や図表が掲載されていることが多いことを確認し，今回は，その中でも地域の最新の情報が掲載される新聞記事を共通の教材として取り上げるようにする。	
2・3・4	○自分たちが住んでいる市の図書館に関する新聞記事について，見出し，リード文，本文がどのような構成になっているのかを捉えながら読む。 ※　図1参照 ○記事中の関連する語句と語句に印を付けるなどして，情報と情報との関係を捉え，分かったことを整理して簡単な図にまとめる。 ※　図2・3参照 ○まとめたものを交流し，情報の整理の仕方について，よさや留意点などを話し合う。	・新聞記事は「逆三角形の構成」であることを確認する。 ・他の記事を基にした印の付け方，図へのまとめ方のモデルを提示する。 ・全体と部分，類似点と相違点などで分類したり，順序立てて整理したりすることの大切さを実感できるようにする。	［知識・技能①］ ノート ・文章の構成についての記述の確認 ［知識・技能②］ 新聞記事・図 ・記事への書き込みと図に表したものの内容の確認 ［主体的に学習に取り組む態度①］ 新聞記事・図・観察 ・情報と情報との関係を捉えようとしているかの確認
5・6	○教師が用意した，自分たちが住んでいる市の読書推進について書かれた複数の文章を読み，図にまとめる。 ※　図4・5参照 ○図にまとめたものを交流し，文章にまとめる。 ○学習の振り返りを行う。	・図書館だより，広報誌，別の新聞記事などから，文章と図表を結び付けて読む必要のあるもの，第1時で児童の関心が高かった内容に関するものなどを提示する。 ・前時までの学習を生かして図にまとめられるように指導する。	［思考・判断・表現①］ 図 ・必要な情報を見付けて図に表したものの内容の確認

5　観点別学習状況の評価の進め方

　ここでは，読書推進に関する複数の資料を読む学習における，「知識・技能」，「思考・判断・表現」，「主体的に学習に取り組む態度」の評価の事例を紹介する。本事例では，「知識・技能」の評価について詳細に説明する。

（1）「知識・技能」の評価

> 【知識・技能①】文章の構成について理解している。（第2・3・4時）
> 【知識・技能②】情報と情報との関係付けの仕方，図などによる語句と語句との関係の表し方を理解し使っている。（第2・3・4時）

　【知識・技能①】は，ノートの記述内容から評価した。

　ここでは，読書推進に関する情報を取り扱っているものの中から，新聞記事を取り上げる。教師が複数の新聞記事を提示し，それらに共通している構成上の特徴について考えさせた。具体的には，新聞記事がいくつかの部分からできていること，さらに，なぜそのような部分に分けられ，どのように関連しているのかということについて考えさせた。その後，縮小した新聞記事を貼ったノートに書き込ませた。これらのことを踏まえ，新聞記事は，重要な事柄を見出しで示し，リード文から本文へと次第に詳しく書かれているという「逆三角形の構成」であることを学級全体で確認した。

　この場面において，新聞記事の「逆三角形の構成」について理解している児童を「おおむね満足できる」状況（B）とした。具体的には，児童1は，**図1**のように，新聞記事の構成について正しく理解し書き込んでいると判断し，「おおむね満足できる」状況（B）と評価した。

　一方，新聞記事の構成について理解できず，「努力を要する」状況（C）と判断した児童には，教師が一緒に内容を確認しながら書き込みを進めさせた。

　なお，見出し，リード文，本文の構成だけでなく，それらと写真や図表の関係についても書き込んでいる児童を，「十分満足できる」状況（A）とした。

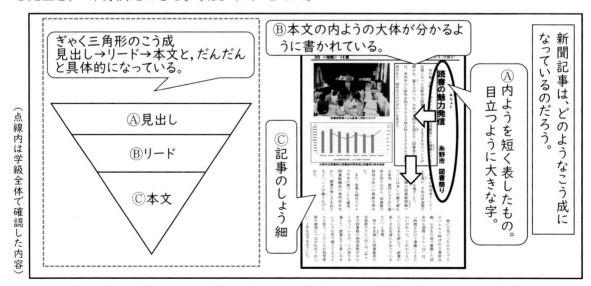

図1：児童1がノートに書き込んだものの一部（ノートに新聞記事を縮小したものを貼る）

【知識・技能②】は，新聞記事への書き込みと，新聞記事の内容を整理した図の記述内容から評価した。

ここでは，前時（第2時）で新聞記事全体の構成を捉えたことを踏まえ，書かれている内容がどのように関わり合っているかが分かるよう，複数の語句を丸や四角で囲んだり，語句と語句を線でつないだりしながら，情報と情報との関係に気付けるように指導した。また，そこで分かったことを整理して，簡単な図にして示すことを指導した。第3時において，他の新聞記事を例に，新聞記事への書き込みの仕方，図に表す方法のモデルを提示しながら指導したことで，児童が活動の見通しをもつことにつながった。

この場面において，新聞記事上で関連する語句に印を付けるとともに，情報と情報との関係に着目して新聞記事の内容を適切に図に表している児童を「おおむね満足できる」状況（B）とした。

具体的には，児童2は，**図2**のように，余白に凡例を示した上で，開催時期や参加人数などの「図書祭り」の基本的な情報は四角で，リード文に書かれている「さまざまなイベント」の具体例である「図書館探検ツアー」や「登場人物当てクイズ」などに関する情報を丸で囲んでいる。また，グラフとそれに関係する文章を矢印で結び付けたり，それぞれのイベントの詳細な内容について線を引いたりしている。

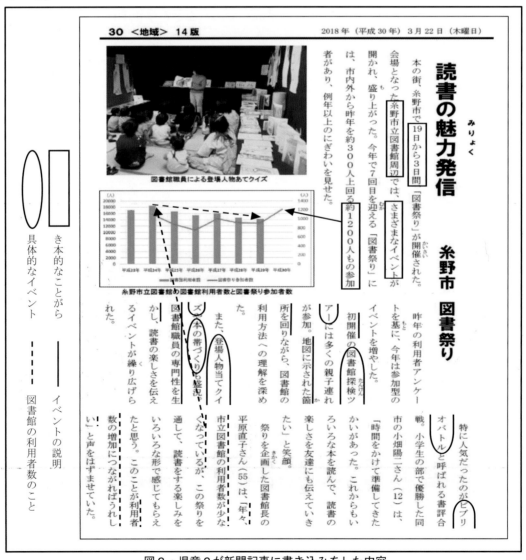

図2：児童2が新聞記事に書き込みをした内容

さらに，児童２は，**図２**のように新聞記事に書き込みをした上で，「図書祭り」に関する情報を整理して**図３**を作成した。**図２**で四角で囲んだ「図書祭り」に関する基本的な情報や，丸で囲んだイベント名などを，「いつ」，「どこで」，「行われたイベント」などといった小見出しを付けて中心に配置し，**図２**で線を引いた詳細な内容を補足的に吹き出しにして図に表している。

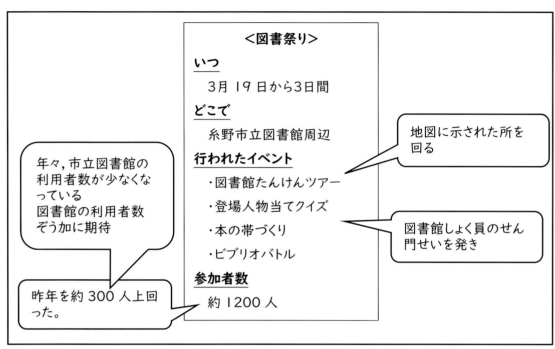

図３：児童２が図２を基にして情報を整理した図

第３編
事例３

　これらの**図２**と**図３**から，情報と情報との関係付けの仕方，図などによる語句と語句との関係の表し方を理解し，使っていると判断し，「おおむね満足できる」状況（Ｂ）と評価した。

　一方，語句と語句との関係に気付けずに図に表すことができない「努力を要する」状況（Ｃ）と判断した児童には，まず，共通点をもつ内容を印で表すことの意義について考えさせた上で，具体的なイベントを示す言葉に印を付けさせたり，全体交流で分かったことを記入させたりして，記事の概要と具体的な内容とを分類して図に表すことができるようにした。

　なお，新聞記事を分析的に読んで印の付け方に独自の工夫が見られたり，分類の明確さが際立っている児童を，「十分満足できる」状況（Ａ）と判断した。

（２）「思考・判断・表現」の評価

> **【思考・判断・表現①】**「読むこと」において，目的に応じて，文章と図表などを結び付けるなどして必要な情報を見付けている。（第５・６時）

　【思考・判断・表現①】は，児童が資料を読んでまとめた図の記述内容から評価した。

　ここでは，図書館だより，広報誌，別の新聞記事などから，文章と図表を結び付けて読む必要のあるもの，第１時で児童の関心が高かった内容に関するものなどから選定し，地域の図書館が発行している「図書館だより」と，市の広報誌での図書館特集とを提示した。新聞記事中の「昨年の参加者アンケートを基に」という記述から児童が疑問に感じた「どのようなアンケート結果だったのだろう

か。」ということや，児童が経験していた「（「図書祭り」開催日ではない）普段の日に図書館で，読み聞かせをしている様子を見た。」という事実などを踏まえ，新聞記事だけでは分からなかった「図書祭り」実施の背景や普段の図書館の取組，市全体の読書推進の取組について調べながら読み深めることとした。その際，文章を正確に理解することにつながるよう必要な情報を見付けることの大切さを意識させた。また，自分が見付けた情報を整理して，その関係を図に表すことで自分の考えが伝えやすくなることにも気付けるように指導した。

　この場面において，文章と図表などを結び付けたり，それぞれの資料の関連性を捉えたりして必要な情報を見付けている児童を「おおむね満足できる」状況（B）とした。

　具体的には，児童3は，**図4**のように「図書館だより」に書き込みをした上で，**図5**のようにまとめた。「図書祭り」の「図書館探検ツアー」や「本の帯づくり」は，昨年の参加者アンケートの結果を受けて改善した内容であることや，「図書祭り」で実施されている「登場人物当てクイズ」が毎月の行事としても実施されていることなど必要な情報を見付けることができていると判断し，「おおむね満足できる」状況（B）と評価した。

　一方，必要な情報を見付けられず，「努力を要する」状況（C）と判断した児童には，前時までの学習を振り返りながら，教師と一緒に，関係する情報の見付け方を確認したり，友達との交流で分かったことを記入したりして，必要な情報を見付けられるようにした。

　なお，提示された以外の複数の資料を結び付けながら必要な情報を見付けたり，必要な情報かどうかをより正確に取捨選択したり整理したりしている児童を，「十分満足できる」状況（A）と判断した。

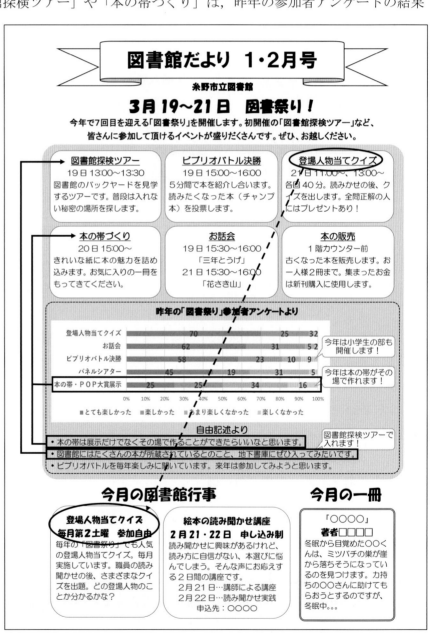

図4：児童3が「図書館だより」に書き込んだ内容

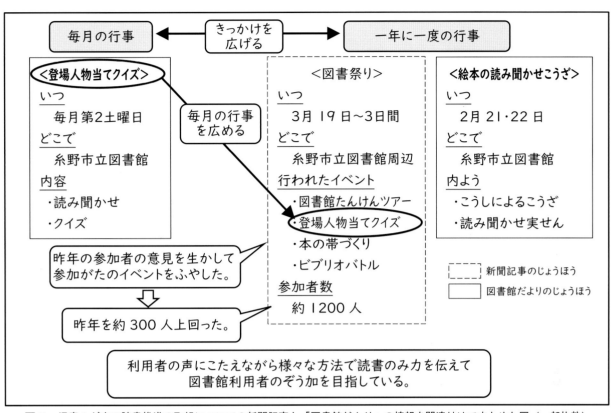

図5：児童3が市の読書推進の取組についての新聞記事と「図書館だより」の情報を関連付けてまとめた図（一部抜粋）

(3)「主体的に学習に取り組む態度」の評価

> **【主体的に学習に取り組む態度①】**粘り強く，情報と情報との関係付けの仕方，図などによる語句と語句との関係の表し方を理解して使い，学習課題に沿って，情報を読んで活用しようとしている。（第2・3・4時）

　本単元では，情報と情報との関係付けの仕方，図などによる語句と語句との関係の表し方を理解して使うことに重点を置いている。そこで，第2～4時で新聞記事から情報と情報との関係を捉える場面で，特に粘り強さを発揮させたいと考えた。他の新聞記事を例に，新聞記事の書き込みの仕方，図に表す方法のモデルを提示しながら指導したり，必要に応じて友達との交流の時間を設けたりすることで，児童が自らの学習の進め方を調整できるようにした。

　【主体的に学習に取り組む態度①】は，新聞記事の書き込みと図に表したものの記述内容や，記述する様子の観察によって評価した。

　この場面において，学習課題に沿って情報と情報，語句と語句を関係付けて図に表そうとし，友達との交流を通して自分の整理の仕方を見直そうとしたりしている児童を「おおむね満足できる」状況（B）と判断した。

　一方，情報と情報との関係を捉えようとすることができず，「努力を要する」状況（C）と判断した児童には，教師が一緒にモデルを参照するなどしながら，情報と情報との関係について考えられるようにした。

　なお，学習課題を意識して友達に適切にアドバイスをしようとしたり，より分かりやすく情報を整理しようとしたりしている児童を，「十分満足できる」状況（A）と判断した。

　　　　　※掲載した新聞記事は，平成23年度全国学力・学習状況調査　小学校国語Aより一部改訂したもの

| 国語科　　事例4 |
| キーワード　「思考・判断・表現」の評価 |

単元名	内容のまとまり
読んで感じたことや考えたことをまとめよう（ごんぎつね） （第4学年）C読むこと	第3学年及び第4学年 〔知識及び技能〕(1)言葉の特徴や使い方に関する事項 〔思考力，判断力，表現力等〕「C読むこと」

1　単元の目標

(1)　様子や行動，気持ちや性格を表す語句の量を増し，語彙を豊かにすることができる。

〔知識及び技能〕(1)オ

(2)　登場人物の気持ちの変化について，場面の移り変わりと結び付けて具体的に想像することができる。　　　　　　　　　　　　　　　　〔思考力，判断力，表現力等〕C(1)エ

(3)　文章を読んで理解したことに基づいて，感想や考えをもつことができる。

〔思考力，判断力，表現力等〕C(1)オ

(4)　言葉がもつよさに気付くとともに，幅広く読書をし，国語を大切にして，思いや考えを伝え合おうとする。　　　　　　　　　　　　　　　　　　「学びに向かう力，人間性等」

2　単元で取り上げる言語活動

　物語を読んで，理解したことに基づいて，感じたことや考えたことを文章にまとめる。

（関連：〔思考力，判断力，表現力等〕C(2)イ）

3　単元の評価規準

知識・技能	思考・判断・表現	主体的に学習に取り組む態度
①様子や行動，気持ちや性格を表す語句の量を増し，語彙を豊かにしている。((1)オ)	①「読むこと」において，登場人物の気持ちの変化について，場面の移り変わりと結び付けて具体的に想像している。(C(1)エ) ②「読むこと」において，文章を読んで理解したことに基づいて，感想や考えをもっている。(C(1)オ)	①進んで，登場人物の気持ちの変化について，場面の移り変わりと結び付けて具体的に想像し，学習課題に沿って，感じたことや考えたことを文章にまとめようとしている。

4 指導と評価の計画（全9時間）

時	学習活動	指導上の留意点	評価規準・評価方法等
1・2・3	○学習のねらいや進め方を捉え，学習の見通しをもつ。 ○「ごんぎつね」を読み，内容の大体を捉える。 ○初発の感想を書き，読み合う。 ○学習課題を確認する。 ┌─────────────┐ │ごんの思いは兵十に伝わった│ │のかについて，読んだことを│ │基に，感じたことや考えたこ│ │とを文章にまとめよう。│ └─────────────┘	・学習のねらいと言語活動の内容を具体的に示し，学習の見通しがもてるようにする。 ・登場人物，主な出来事，結末などを捉えながら読むようにする。 ・場面の様子，登場人物の言動や様子などを表す語句に着目して読むように指導する。 ・必要に応じて辞書を活用するように指示する。 ・心に強く残ったこと，疑問に思ったことなどについて書くように指示する。 ・初発の感想のうち，多かった感想や疑問，学級全体で話し合いたいことなどを適宜取り上げていくようにする。	［知識・技能①］ ワークシート ・場面の様子や登場人物の言動，様子などを表す語句について着目し，語彙を豊かにしているかの確認
4・5・6・7	○ごんや兵十の気持ちが大きく変化した場面はどこかについて考えをまとめる。 ┌╌╌╌╌╌╌╌╌╌╌╌╌╌┐ ╎【場面の移り変わり】╎ ╎①ごんがいたずらばかりする場面╎ ╎　　　　↓╎ ╎②ごんがいたずらを後悔する場面╎ ╎　　　　↓╎ ╎┌③ごんがつぐないを始める場面┐╎ ╎　　　　↓╎ ╎④ごんが兵十と加助の後をついていく場面╎ ╎　　　　↓╎ ╎⑤ごんが兵十と加助の話をこっそり聞いている場面╎ ╎　　　　↓╎ ╎┏⑥ごんが兵十にうたれてしまう場面┓╎ ╎╎ ╎※□は，取り上げる二つの場面╎ └╌╌╌╌╌╌╌╌╌╌╌╌╌┘	・物語全体の場面の移り変わりを確認した上で，ごんと兵十のお互いに対する見方や行動が大きく動いた場面として，「ごんがつぐないを始める場面」（③の場面）と，「ごんが兵十にうたれてしまう場面」（⑥の場面）を取り上げる。 ・ごんと兵十の気持ちとその根拠となった言葉や文をまとめるよう指導する。	

	○うなぎのいたずらへのつぐないを始める場面のごんと兵十の様子や行動，気持ちを想像する。（③の場面） ○ごんが兵十に撃たれてしまう場面のごんと兵十の気持ちの変化を考える。（⑥の場面） ※図1・2参照 ○学習課題に示された，ごんの思いが兵十に伝わったかどうかについて，友達と考えを交流する。 ※図4参照	・表情やしぐさなどを想像しながら読むように指導する。 ・行動や会話，場面の状況を表す言葉などに着目するように指導する。 ・③や⑥の場面におけるワークシートを基にして考えをまとめるよう指導する。 ・友達の意見で参考になったことを適宜付箋にまとめるよう指示する。	［思考・判断・表現①］ ノート ・ごんと兵十の様子や行動，気持ちの変化について想像しているかの確認 ［主体的に学習に取り組む態度①］ ワークシート・観察 ・ごんや兵十の気持ちの変化について場面の移り変わりと結び付けて自分の考えをまとめようとしているかの確認
8 ・ 9	○初発の感想を振り返りながら，物語を読んだことに基づいて感じたことや考えたことを文章にまとめる。 ※図3参照	・これまでの学習を振り返り，物語を読んで理解したことに基づいて，感じたことや考えたことをまとめるよう指示する。 ・初発の感想を振り返り，どのように自分の考えが変わったのかを書くよう指導する。	［思考・判断・表現②］ ノート ・文章を読んで理解したことに基づいて，既習内容と結び付けて自分の感想や考えを記述しているかの確認

5　観点別学習状況の評価の進め方

　ここでは，物語を読んで，理解したことに基づいて，感じたことや考えたことを文章にまとめる学習における「知識・技能」，「思考・判断・表現」，「主体的に学習に取り組む態度」の評価の事例を紹介する。本事例では，「思考・判断・表現」の評価について詳細に説明する。

(1)「知識・技能」の評価

> 【知識・技能①】様子や行動，気持ちや性格を表す語句の量を増し，語彙を豊かにしている。（第2・3時）

　ここでは，物語が六つの場面（①「ごんがいたずらばかりする場面」，②「ごんがいたずらを後悔する場面」，③「ごんがつぐないを始める場面」，④「ごんが兵十と加助の後をついていく場面」，⑤「ごんが兵十と加助の話をこっそり聞いている場面」，⑥「ごんが兵十にうたれてしまう場面」）で描

かれていることを確認し，登場人物や状況の設定，事件の発端，展開，山場，結末などについて指導した。その上で，場面の様子や登場人物の行動，気持ちや性格を表す言葉を取り上げ，言葉の意味を調べたり他の言葉と比較したりして分かったことをノートに記述している児童を「おおむね満足できる」状況（B）とした。

　具体的には，⑤の場面において，「神様にお礼を言うんじゃあ，おれは引き合わないなあ。」という言葉から，「引き合う」という言葉の意味について辞書で調べて分かったことや，別の言葉で言い換えた表現などを記述している児童を「おおむね満足できる」状況（B）とした。

　一方，登場人物の気持ちなどを想像するための具体的な言葉を見付けることができず，別の言葉で言い換えて記述することなどができなかった児童は「努力を要する」状況（C）とした。そのような児童に対しては，様子や行動，気持ちや性格を表す言葉を例示して気付かせたり，言葉の意味を正しく捉えていない場合には，辞書などを活用して調べたりするように指導した。

　なお，他の言葉を挙げながらどのように違うのか，その違いを指摘して記述している児童を「十分満足できる」状況（A）とした。

（2）「思考・判断・表現」の評価

> **【思考・判断・表現①】**「読むこと」において，登場人物の気持ちの変化について，場面の移り変わりと結び付けて具体的に想像している。（第7時）
> **【思考・判断・表現②】**「読むこと」において，文章を読んで理解したことに基づいて，感想や考えをもっている。（第8・9時）

　【思考・判断・表現①】は，学習課題として示されたごんの思いは兵十に伝わったのかということについて交流した上で，自分の考えをまとめたノートの記述内容から評価した。

　ここでは，「ごんがつぐないを始める場面」と「ごんが兵十にうたれてしまう場面」についてまとめたワークシート（**図1**）の内容などを基にして交流できるように指導した。その結果，登場人物の気持ちの変化を場面の移り変わりと結び付けて具体的に想像し，理由を明確にしながら，ごんの思いが兵十に伝わったかどうかについてノートに記述している児童を「おおむね満足できる」状況（B）とした。

　具体的には，児童1は**図2**のノートに，**図1**のワークシートに書いた内容を取り上げ，ごんに対する兵十の気持ちが憎らしさから後悔に変わったことを場面の移り変わりと結び付けて書いている。また，栗や松たけを届けていたのが自分であることに気付いてほしいというごんの思いが伝わったかについても，ワークシートの具体的な記述を理由として書いていると判断し，「おおむね満足できる」状況（B）と評価した。

　一方，ごんや兵十の気持ちの変化を，場面の移り変わりと結び付けて具体的に想像し，理由を明確にしながらごんの思いが兵十に伝わったかどうかを記述できなかった児童は，「努力を要する」状況（C）とした。そのような児童に対しては，再度，物語を読み，ごんや兵十の気持ちが想像できる叙述を取り上げて，その時の気持ちを想像できるよう指導した。具体的には，「うなぎをぬすみやがったごんぎつねめと兵十が言ったとき，ごんのことをどんなふうに思っていましたか。」や「兵十が火なわ

じゅうをばたりと，取り落としたとき，兵十は，心の中でどんなことを考えていたと思いますか。」などの問いについて考えるよう促した。

【ごんが兵十にうたれてしまう場面】

ごんと兵十の気持ちが分かる言葉にサイドラインを引こう
※□ごん 　兵十

そうぞうした気持ちを書こう
※○ごん 　□兵十

その明くる日も、ごんは、くりを持って、兵十のうちへ出かけました。兵十は、物置でなわをなっていました。それで、ごんは、うちのうら口から、こっそり中へ入りました。

そのとき、兵十は、ふと顔を上げました。と、きつねがうちの中へ入ったではありませんか。こないだ、うなぎをぬすみやがったあのごんぎつねめが、またいたずらをしに来たな。

「ようし。」

兵十は立ち上がって、なやにかけてある火なわじゅうを取って、火薬をつめました。

そして、足音をしのばせて近よって、今、戸口を出ようとするごんを、ドンと、うちました。ごんは、ばたりとたおれました。兵十はかけよってきました。うちの中を見ると、土間に、くりが固めて置いてあるのが、目につきました。

「おや。」

と、兵十は、びっくりして、ごんに目を落としました。

「ごん、おまえだったのか。いつも、くりをくれたのは。」

ごんは、ぐったりと目をつぶったまま、うなずきました。

兵十は、火なわじゅうをばたりと、取り落としました。青いけむりが、まだ、つつ口から細く出ていました。

○今日こそは、兵十に気づいてもらえるように、ていねいにくりをかためておこう。
○見つからないうちに早く帰ろう。
□今日は何のいたずらをしに来たんだ。
□にくらしい、ごんぎつねめ。
□今日はつかまえてやるぞ。
□じゅうでうってやる。にがさないぞ。
□気づかれないようにしよう。
○えっ、何がおきたんだ。

□どうして、くりがあるんだ。
□えっ、ごんだったのか。それを知らずにおまえをうってしまった。
○やっと気づいてくれた。おれの気持ちがとどいた。
□取り返しのつかないことをしてしまった。ごん、ゆるしてくれ。

図1：児童1が「ごんが兵十にうたれてしまう場面」についてまとめたワークシート

ごんは何度もくりやまつたけを兵十の家にとどけます。でも、兵十は神様のしわざだと加助に言われたことをしんじてしまいます。そのため、自分がとどけているのを分かってほしいというごんの思いは、兵十にはつたわりません。そんなとき、兵十は家の中に入っていくごんを見つけ、にくらしい、ごんぎつねが、またいたずらをしにきたなと思い、火なわじゅうでごんをうってしまいます。たおれたごんにかけよった兵十は、土間にくりがかためておいてあるのに気づき、「ごん、おまえだったのか、いつもくりをくれたのは。」と言います。ごんが目をつぶったままなずくすがたを見て、兵十は火なわじゅうをばたりと取り落としてしまいます。火なわじゅうをばたりと思わず取り落とす様子から、兵十の取り返しのつかないことをしてしまったという深い後かいの気持ちを感じました。このことから、自分がくりをとどけているのを分かってほしいというごんの思いは、兵十につたわったと思います。

図2：児童1がごんの思いが伝わったかどうかについてまとめたノート

なお，栗や松たけを届けているのは自分だと分かってほしいごんの思いや目をつぶったままうなずくごんの気持ちと，火なわじゅうでうってしまった兵十の気持ちの両方をそれぞれの行動と結び付けて想像している児童を「十分満足できる」状

況（A）とした。

　【思考・判断・表現②】は，これまで読んできた登場人物の気持ちの変化や，場面の移り変わりの様子を基にノートに記述した，物語全体に対する感想の内容から評価した。

　ここでは，これまでの学習を振り返り，「ごんぎつね」を読んで感じたことや考えたことをまとめるよう指導した。そのため，文章を読んで理解したことに基づいて，既習の内容と結び付けて自分の感想や考えをノートにまとめている児童を「おおむね満足できる」状況（B）とした。

　具体的には，図3に示した児童1の感想は，何度も文章を読み返すことで，自分の考えが変わったことが

わたしは、さいしょに読んだとき、ごんがいたずらをして後かいしているなら、兵十の家に行って、「うなぎを取ってごめんなさい。」とすぐにあやまればよかったと思いました。

でも、その後に何度もよく読んでみて、ごんはいたずらばかりしていたから、人間に近づくことができなかったのではないかと思うようになりました。

ごんは、兵十に近づくことはできなかったけれど、くりやまつたけをこっそり兵十の家にとどけて、自分がいたずらを後かいしている気持ちを兵十に分かってもらいたかったのだと思います。

さいごには、やっと、くりやまつたけをとどけていたのはごんだったと兵十に気づいてもらえたのに、火なわじゅうでうたれてしまって、とても悲しいお話だと思いました。物語のさいごに出てくる「青いけむり」という言葉は、じゅうをうってしまったことをはっきり表していて、何とも言えない悲しさを感じました。

図3：児童1がまとめた物語全体に対する感想

書かれているとともに，文章を読んで理解したことに基づいて自分の感想が書かれていることが分かる。このため，「おおむね満足できる」状況（B）と評価した。

　一方，文章を読んで理解したことに基づいて，自分の感想や考えを記述できなかった児童は「努力を要する」状況（C）とした。そのような児童に対しては，これまで記述してきたワークシートやノートに書かれている内容を読み返して，自分の考えの変化に気付かせるなどして感想や考えを書けるように促した。

　なお，物語の全体像を関係付けたり，他の物語と比較しながら読み，今まで理解したことを基にしてどのように自分の考えを深めたのかについて感想を記述している児童は，「十分満足できる」状況（A）とした。例えば，物語の終わり方に着目し，これまで学習してきた物語と比較して感想を記述している児童を「十分満足できる」状況（A）とした。また，物語の冒頭部分が回想から始まっていることとごんのつぐないの思いが伝わったかどうかとを関連付けて感想を記述している児童を「十分満足できる」状況（A）とした。

（3）「主体的に学習に取り組む態度」の評価

> **【主体的に学習に取り組む態度①】**進んで，登場人物の気持ちの変化について，場面の移り変わりと結び付けて具体的に想像し，学習課題に沿って，感じたことや考えたことを文章にまとめようとしている。（第7時）

　【主体的に学習に取り組む態度①】については，第7時で，児童が③と⑥の場面におけるワークシートを振り返り，感じたことや考えたことをどのように文章にまとめようとしているのかを，自分の

考えを支える理由となる部分を考えながら選んだり，交流の際に参考になった意見を付箋に書き込んだりしている様子から評価した。

　ここでは，感想に取り入れられそうな言葉を③と⑥の場面におけるワークシートや友達から聞いた言葉などの情報の中から選ぼうとしている児童を「おおむね満足できる」状況（B）とした。

　具体的には，**図4**の児童1は学習課題を意識し，「青いけむり」，「ばたりと取り落としました」に注目して感想に書くための言葉を選択し，感想を書くのに必要な情報を付箋に書きながら集めようとしていると判断し，「おおむね満足できる」状況（B）と評価した。

　一方，付箋に書いていないなど感想に取り入れたい言葉を見付けようとする様子が確認できなかった児童は「努力を要する」状況（C）とした。その場合，ワークシートから強く心に残ったことを思い出すように声かけをしたり，友達の意見を付箋に書き込む目的を再確認したりするよう促したりした。

　なお，学習課題を強く意識し，指示された場面だけでなく，複数の場面に目を向け，物語の全体像について書こうとしている児童を，「十分満足できる」状況（A）とした。例えば，冒頭の場面と最後の場面を結び付けたり，栗や松たけをくれるのは神様の仕業だと思われていても，ずっとつぐないを続けるごんの行動を相互に結び付けたりしながら，感じたことや考えたこと，想像したことを文章にまとめようとしている児童を「十分満足できる」状況（A）とした。

「青いけむり」ここの言葉には兵十とごんの悲しみが表れているような気がする。

「ばたりと、取り落としました」兵十のおどろきが表げんされている。

神様の仕わざだと思われていることがごんにとってすごくざんねんだということが友達の意見を聞いて分かった。

【ごんが兵十にうたれてしまう場面】

ごんと兵十の気持ちが分かる言葉にサイドラインを引こう ※ごん 兵十

その明くる日も、ごんは、くりを持って、兵十のうちへ出かけました。兵十は、物置でなわをなっていました。それで、ごんは、うちのうら口から、こっそり中へ入りました。

そのとき、兵十は、ふと顔を上げました。と、きつねがうちの中へ入ったではありませんか。こないだ、うなぎをぬすみやがったあのごんぎつねめが、またいたずらをしに来たな。

「ようし。」

兵十は立ち上がって、なやにかけてある火なわじゅうを取って、火薬をつめました。

そして、足音をしのばせて近よって、今、戸口を出ようとするごんを、ドンと、うちました。ごんは、ばたりとたおれました。兵十はかけよってきました。うちの中を見ると、土間に、くりが固めて置いてあるのが、目につきました。

「おや。」

と、兵十は、びっくりして、ごんに目を落としました。

「ごん、おまえだったのか。いつも、くりをくれたのは。」

ごんは、ぐったりと目をつぶったまま、うなずきました。

兵十は、火なわじゅうをばたりと、取り落としました。

青いけむりが、まだ、つつ口から細く出ていました。

そうぞうした気持ちを書こう ※〇ごん □兵十

〇今日こそは、兵十に気づいてもらえるように、ていねいにくりをこかためておこう。

〇見つからないうちに早く帰ろう。

□今日は何のいたずらをしに来たんだ。

にくらしいごんぎつねめ。

□今日はつかまえてやるぞ。

□じゅうでうってやる。にがさないぞ。

□気づかれないようにしよう。

〇えっ、何がおきたんだ。

□どうして、くりがあるんだ。

□えっ、ごんだったのか。それを知らずにおまえをうってしまった。

〇やっと気づいてくれた。おれの気持ちがとどいた。

□取り返しのつかないことをしてしまった。ごん、ゆるしてくれ。

[　　] －友達の意見で参考になったこと　　　　[　] － 自分の考えや感想に取り入れられそうな言葉や文

図4：児童1が感想を書くための言葉を見付けようとしているワークシート

巻末資料

小学校国語科における「内容のまとまりごとの評価規準（例）」

I 第1学年及び第2学年

1 第1学年及び第2学年の目標と評価の観点及びその趣旨

	（1）	（2）	（3）
目標	日常生活に必要な国語の知識や技能を身に付けるとともに，我が国の言語文化に親しんだり理解したりすることができるようにする。	順序立てて考える力や感じたり想像したりする力を養い，日常生活における人との関わりの中で伝え合う力を高め，自分の思いや考えをもつことができるようにする。	言葉がもつよさを感じるとともに，楽しんで読書をし，国語を大切にして，思いや考えを伝え合おうとする態度を養う。

（小学校学習指導要領 P. 28）

観点	知識・技能	思考・判断・表現	主体的に学習に取り組む態度
趣旨	日常生活に必要な国語の知識や技能を身に付けているとともに，我が国の言語文化に親しんだり理解したりしている。	「話すこと・聞くこと」，「書くこと」，「読むこと」の各領域において，順序立てて考える力や感じたり想像したりする力を養い，日常生活における人との関わりの中で伝え合う力を高め，自分の思いや考えをもっている。	言葉を通じて積極的に人と関わったり，思いや考えをもったりしながら，言葉がもつよさを感じようとしているとともに，楽しんで読書をし，言葉をよりよく使おうとしている。

（改善等通知　別紙4　P. 1）

巻末資料

※　〔思考力，判断力，表現力等〕の各領域において育成を目指す資質・能力を明確にするため，「思考・判断・表現」の趣旨の冒頭に，「話すこと・聞くこと」，「書くこと」，「読むこと」の3領域を明示している。

２　内容のまとまりごとの評価規準（例）

Ａ　話すこと・聞くこと　第１学年及び第２学年

ア　紹介や説明，報告など伝えたいことを話したり，それらを聞いて声に出して確かめたり感想を述べたりする活動		
知識・技能	思考・判断・表現	主体的に学習に取り組む態度
・身近なことを表す語句の量を増し，話の中で使っているとともに，言葉には意味による語句のまとまりがあることに気付き，語彙を豊かにしている。（(1)オ）	・「話すこと・聞くこと」において，相手に伝わるように，行動したことや経験したことに基づいて，話す事柄の順序を考えている。（Ａ(1)イ） ・「話すこと・聞くこと」において，話し手が知らせたいことや自分が聞きたいことを落とさないように集中して聞き，話の内容を捉えて感想をもっている。（Ａ(1)エ）	・進んで(①)，相手に伝わるように話す事柄の順序を考え(③)，学習の見通しをもって(②) 紹介しようとしている(④)。
上記以外に設定することが考えられる評価規準の例		
・言葉には，事物の内容を表す働きや，経験したことを伝える働きがあることに気付いている。（(1)ア） ・音節と文字との関係，アクセントによる語の意味の違いなどに気付いているとともに，姿勢や口形，発声や発音に注意して話している。（(1)イ） ・主語と述語との関係に気付いている。（(1)カ） ・丁寧な言葉と普通の言葉との違いに気を付けて使っている。（(1)キ） ・共通，相違，事柄の順序など情報と情報との関係について理解している。（(2)ア）	・「話すこと・聞くこと」において，身近なことや経験したことなどから話題を決め，伝え合うために必要な事柄を選んでいる。（Ａ(1)ア） ・「話すこと・聞くこと」において，伝えたい事柄や相手に応じて，声の大きさや速さなどを工夫している。（Ａ(1)ウ）	・積極的に(①)，姿勢や口形，発声や発音に注意して話し(③)，今までの学習を生かして(②)説明しようとしている(④)。

巻末資料

イ　尋ねたり応答したりするなどして，少人数で話し合う活動		
知識・技能	思考・判断・表現	主体的に学習に取り組む態度
・言葉には，事物の内容を表す働きや，経験したことを伝える働きがあることに気付いている。（(1)ア） ・共通，相違，事柄の順序など情報と情報との関係について理解している。（(2)ア）	・「話すこと・聞くこと」において，身近なことや経験したことなどから話題を決め，伝え合うために必要な事柄を選んでいる。（A(1)ア） ・「話すこと・聞くこと」において，互いの話に関心をもち，相手の発言を受けて話をつないでいる。（A(1)オ）	・進んで（①），話題を決め（③），学習の見通しをもって（②）少人数で話し合おうとしている（④）。
上記以外に設定することが考えられる評価規準の例		
・音節と文字との関係，アクセントによる語の意味の違いなどに気付いているとともに，姿勢や口形，発声や発音に注意して話している。（(1)イ） ・身近なことを表す語句の量を増し，話の中で使っているとともに，言葉には意味による語句のまとまりがあることに気付き，語彙を豊かにしている。（(1)オ） ・主語と述語との関係に気付いている。（(1)カ） ・丁寧な言葉と普通の言葉との違いに気を付けて使っている。（(1)キ）	・「話すこと・聞くこと」において，相手に伝わるように，行動したことや経験したことに基づいて，話す事柄の順序を考えている。（A(1)イ） ・「話すこと・聞くこと」において，話し手が知らせたいことや自分が聞きたいことを落とさないように集中して聞き，話の内容を捉えて感想をもっている。（A(1)エ）	・積極的に（①），身近なことを表す語句の量を増し（③），学習課題に沿って（②）尋ねたり応答したりしようとしている（④）。

B　書くこと　第1学年及び第2学年

ア　身近なことや経験したことを報告したり，観察したことを記録したりするなど，見聞きしたことを書く活動		
知識・技能	思考・判断・表現	主体的に学習に取り組む態度
・言葉には，事物の内容を表す働きや，経験したことを伝える働きがあることに気付いている。（(1)ア） ・身近なことを表す語句の量を	・「書くこと」において，経験したことや想像したことなどから書くことを見付け，必要な事柄を集めたり確かめたりして，伝えたいことを明確にし	・進んで（①），内容のまとまりが分かるように書き表し方を工夫し（③），学習の見通しをもって（②）報告する文章を書こうとしている（④）。

増し，文章の中で使っているとともに，言葉には意味による語句のまとまりがあることに気付き，語彙を豊かにしている。（(1)オ）	ている。（B(1)ア） ・「書くこと」において，語と語や文と文との続き方に注意しながら，内容のまとまりが分かるように書き表し方を工夫している。（B(1)ウ）	

上記以外に設定することが考えられる評価規準の例		
・長音，拗音，促音，撥音などの表記，助詞の「は」，「へ」及び「を」の使い方，句読点の打ち方，かぎ（「　」）の使い方を理解して文や文章の中で使っている。また，平仮名及び片仮名を読み，書くとともに，片仮名で書く語の種類を知り，文や文章の中で使っている。 （(1)ウ） ・（第1学年の場合） 第1学年に配当されている漢字を漸次書き，文や文章の中で使っている。 （第2学年の場合） 第1学年に配当されている漢字を書き，文や文章の中で使っているとともに，第2学年に配当されている漢字を漸次書き，文や文章の中で使っている。（(1)エ） ・文の中における主語と述語との関係に気付いている。 （(1)カ） ・丁寧な言葉と普通の言葉との違いに気を付けて使っているとともに，敬体で書かれた文章に慣れている。（(1)キ） ・共通，相違，事柄の順序など情報と情報との関係について理解している。（(2)ア） ・姿勢や筆記具の持ち方を正しくして書いている。 （(3)ウ(ｱ)）	・「書くこと」において，自分の思いや考えが明確になるように，事柄の順序に沿って簡単な構成を考えている。 （B(1)イ） ・「書くこと」において，文章を読み返す習慣を付けているとともに，間違いを正したり，語と語や文と文との続き方を確かめたりしている。（B(1)エ） ・「書くこと」において，文章に対する感想を伝え合い，自分の文章の内容や表現のよいところを見付けている。 （B(1)オ）	・積極的に（①），長音，拗音，促音，撥音などの表記や助詞の「は」，「へ」及び「を」の使い方，句読点の打ち方を理解し（③），学習課題に沿って（②）記録する文章を書こうとしている（④）。

巻末
資料

・点画の書き方や文字の形に注意しながら，筆順に従って丁寧に書いている。（(3)ウ(イ)） ・点画相互の接し方や交わり方，長短や方向などに注意して，文字を正しく書いている。（(3)ウ(ウ)）		

イ　日記や手紙を書くなど，思ったことや伝えたいことを書く活動

知識・技能	思考・判断・表現	主体的に学習に取り組む態度
・丁寧な言葉と普通の言葉との違いに気を付けて使っている。（(1)キ）	・「書くこと」において，自分の思いや考えが明確になるように，事柄の順序に沿って簡単な構成を考えている。（B(1)イ） ・「書くこと」において，文章を読み返す習慣を付けているとともに，間違いを正したり，語と語や文と文との続き方を確かめたりしている。（B(1)エ）	・粘り強く（①），事柄の順序に沿って簡単な構成を考え（③），学習課題に沿って（②）手紙を書こうとしている（④）。
上記以外に設定することが考えられる評価規準の例		
・言葉には，事物の内容を表す働きや，経験したことを伝える働きがあることに気付いている。（(1)ア） ・長音，拗音，促音，撥音などの表記，助詞の「は」，「へ」及び「を」の使い方，句読点の打ち方，かぎ（「　」）の使い方を理解して文や文章の中で使っている。また，平仮名及び片仮名を読み，書くとともに，片仮名で書く語の種類を知り，文や文章の中で使っている。（(1)ウ） ・（第1学年の場合） 　第1学年に配当されている漢字を漸次書き，文や文章の中で使っている。 （第2学年の場合）	・「書くこと」において，経験したことや想像したことなどから書くことを見付け，必要な事柄を集めたり確かめたりして，伝えたいことを明確にしている。（B(1)ア） ・「書くこと」において，語と語や文と文との続き方に注意しながら，内容のまとまりが分かるように書き表し方を工夫している。（B(1)ウ） ・「書くこと」において，文章に対する感想を伝え合い，自分の文章の内容や表現のよいところを見付けている。（B(1)オ）	・積極的に（①），当該学年の前の学年や当該学年で配当されている漢字を文や文章の中で使い（③），今までの学習を生かして（②）日記を書こうとしている（④）。

巻末資料

第1学年に配当されている漢字を書き，文や文章の中で使っているとともに，第2学年に配当されている漢字を漸次書き，文や文章の中で使っている。（(1)エ）		
・身近なことを表す語句の量を増し，文章の中で使っているとともに，言葉には意味による語句のまとまりがあることに気付き，語彙を豊かにしている。（(1)オ）		
・文の中における主語と述語との関係に気付いている。（(1)カ）		
・共通，相違，事柄の順序など情報と情報との関係について理解している。（(2)ア）		
・姿勢や筆記具の持ち方を正しくして書いている。（(3)ウ(ｱ)）		
・点画の書き方や文字の形に注意しながら，筆順に従って丁寧に書いている。（(3)ウ(ｲ)）		
・点画相互の接し方や交わり方，長短や方向などに注意して，文字を正しく書いている。（(3)ウ(ｳ)）		

ウ　簡単な物語をつくるなど，感じたことや想像したことを書く活動

知識・技能	思考・判断・表現	主体的に学習に取り組む態度
・言葉には，事物の内容を表す働きや，経験したことを伝える働きがあることに気付いている。（(1)ア）	・「書くこと」において，自分の思いや考えが明確になるように，事柄の順序に沿って簡単な構成を考えている。（B(1)イ）	・粘り強く（①），事柄の順序に沿って簡単な構成を考え（③），学習の見通しをもって（②）簡単な物語を書こうとしている（④）。
・身近なことを表す語句の量を増し，文章の中で使っているとともに，言葉には意味による語句のまとまりがあること	・「書くこと」において，文章に対する感想を伝え合い，自分の文章の内容や表現のよいと	

に気付き，語彙を豊かにしている。（(1)オ）	ころを見付けている。（B(1)オ）	

上記以外に設定することが考えられる評価規準の例

・長音，拗音，促音，撥音などの表記，助詞の「は」，「へ」及び「を」の使い方，句読点の打ち方，かぎ（「　」）の使い方を理解して文や文章の中で使っている。また，平仮名及び片仮名を読み，書くとともに，片仮名で書く語の種類を知り，文や文章の中で使っている。（(1)ウ）	・「書くこと」において，経験したことや想像したことなどから書くことを見付け，必要な事柄を集めたり確かめたりして，伝えたいことを明確にしている。（B(1)ア）	・積極的に（①），文の中における主語と述語の関係に気付き（③），学習課題に沿って（②）見たり経験したりして感じたことを書こうとしている（④）。
・（第1学年の場合）第1学年に配当されている漢字を漸次書き，文や文章の中で使っている。（第2学年の場合）第1学年に配当されている漢字を書き，文や文章の中で使っているとともに，第2学年に配当されている漢字を漸次書き，文や文章の中で使っている。（(1)エ）	・「書くこと」において，語と語や文と文との続き方に注意しながら，内容のまとまりが分かるように書き表し方を工夫している。（B(1)ウ）	
・文の中における主語と述語との関係に気付いている。（(1)カ）	・「書くこと」において，文章を読み返す習慣を付けているとともに，間違いを正したり，語と語や文と文との続き方を確かめたりしている。（B(1)エ）	
・丁寧な言葉と普通の言葉との違いに気を付けて使っている。（(1)キ）		
・共通，相違，事柄の順序など情報と情報との関係について理解している。（(2)ア）		
・姿勢や筆記具の持ち方を正しくして書いている。（(3)ウ(ｱ)）		
・点画の書き方や文字の形に注意しながら，筆順に従って丁		

巻末資料

寧に書いている。（(3)ウ(イ)） ・点画相互の接し方や交わり方，長短や方向などに注意して，文字を正しく書いている。（(3)ウ(ウ)）		

C 読むこと 第1学年及び第2学年

ア 事物の仕組みを説明した文章などを読み，分かったことや考えたことを述べる活動		
知識・技能	思考・判断・表現	主体的に学習に取り組む態度
・文の中における主語と述語との関係に気付いている。（(1)カ） ・共通，相違，事柄の順序など情報と情報との関係について理解している。（(2)ア）	・「読むこと」において，時間的な順序や事柄の順序などを考えながら，内容の大体を捉えている。（C(1)ア） ・「読むこと」において，文章の中の重要な語や文を考えて選び出している。（C(1)ウ）	・進んで(①)，時間的な順序や事柄の順序などを考えながら，内容の大体を捉え(③)，学習の見通しをもって(②)分かったことを話そうとしている(④)。
上記以外に設定することが考えられる評価規準の例		
・言葉には，事物の内容を表す働きや，経験したことを伝える働きがあることに気付いている。（(1)ア） ・（第1学年の場合） 　第1学年に配当されている漢字を読んでいる。 　（第2学年の場合） 　第2学年までに配当されている漢字を読んでいる。 ・身近なことを表す語句の量を増し，話や文章の中で使っているとともに，言葉には意味による語句のまとまりがあることに気付き，語彙を豊かにしている。（(1)オ） ・敬体で書かれた文章に慣れている。（(1)キ） ・語のまとまりや言葉の響きなどに気を付けて音読している。（(1)ク）	・「読むこと」において，文章の内容と自分の体験とを結び付けて，感想をもっている。（C(1)オ） ・「読むこと」において，文章を読んで感じたことや分かったことを共有している。（C(1)カ）	・積極的に(①)，言葉には事物の内容を表す働きや経験したことを伝える働きがあることに気付き(③)，学習課題に沿って(②)考えたことを文章にまとめようとしている(④)。

知識・技能	思考・判断・表現	主体的に学習に取り組む態度
・読書に親しみ，いろいろな本があることを知っている。（(3)エ）		

イ　読み聞かせを聞いたり物語などを読んだりして，内容や感想などを伝え合ったり，演じたりする活動

知識・技能	思考・判断・表現	主体的に学習に取り組む態度
・昔話や神話・伝承などの読み聞かせを聞くなどして，我が国の伝統的な言語文化に親しんでいる。（(3)ア）	・「読むこと」において，場面の様子や登場人物の行動など，内容の大体を捉えている。（C(1)イ） ・「読むこと」において，場面の様子に着目して，登場人物の行動を具体的に想像している。（C(1)エ）	・進んで(①)，場面の様子や登場人物の行動など，内容の大体を捉え(③)，学習の見通しをもって(②)内容や感想を文章にまとめようとしている(④)。
上記以外に設定することが考えられる評価規準の例		
・言葉には，事物の内容を表す働きや，経験したことを伝える働きがあることに気付いている。（(1)ア） ・（第1学年の場合）第1学年に配当されている漢字を読んでいる。（第2学年の場合）第2学年までに配当されている漢字を読んでいる。 ・身近なことを表す語句の量を増し，話や文章の中で使っているとともに，言葉には意味による語句のまとまりがあることに気付き，語彙を豊かにしている。（(1)オ） ・文の中における主語と述語との関係に気付いている。（(1)カ） ・敬体で書かれた文章に慣れている。（(1)キ） ・語のまとまりや言葉の響きなどに気を付けて音読している。	・「読むこと」において，文章の内容と自分の体験とを結び付けて，感想をもっている。（C(1)オ） ・「読むこと」において，文章を読んで感じたことや分かったことを共有している。（C(1)カ）	・積極的に(①)，読書に親しみ(③)，今までの学習を生かして(②)役割を決めて音読したり，演じたりしようとしている(④)。

巻末資料

((1)ク)
・共通, 相違, 事柄の順序など情報と情報との関係について理解している。((2)ア)
・長く親しまれている言葉遊びを通して, 言葉の豊かさに気付いている。((3)イ)
・読書に親しみ, いろいろな本があることを知っている。
　　((3)エ)

ウ　学校図書館などを利用し, 図鑑や科学的なことについて書いた本などを読み, 分かったことなどを説明する活動

知識・技能	思考・判断・表現	主体的に学習に取り組む態度
・身近なことを表す語句の量を増し, 話や文章の中で使っているとともに, 言葉には意味による語句のまとまりがあることに気付き, 語彙を豊かにしている。((1)オ) ・読書に親しみ, いろいろな本があることを知っている。 　　((3)エ)	・「読むこと」において, 文章の中の重要な語や文を考えて選び出している。(C(1)ウ) ・「読むこと」において, 文章を読んで感じたことや分かったことを共有している。 　　(C(1)カ)	・進んで(①), 文章の中の重要な語や文を考えて選び出し(③), 学習の見通しをもって(②)分かったことを説明しようとしている(④)。

上記以外に設定することが考えられる評価規準の例

・言葉には, 事物の内容を表す働きや, 経験したことを伝える働きがあることに気付いている。((1)ア) ・(第1学年の場合) 第1学年に配当されている漢字を読んでいる。 (第2学年の場合) 第2学年までに配当されている漢字を読んでいる。 ・文の中における主語と述語との関係に気付いている。((1)カ) ・丁寧な言葉と普通の言葉との違いに気を付けて使っている	・「読むこと」において, 時間的な順序や事柄の順序などを考えながら, 内容の大体を捉えている。(C(1)ア) ・「読むこと」において, 場面の様子や登場人物の行動など, 内容の大体を捉えている。 　　(C(1)イ) ・「読むこと」において, 場面の様子に着目して, 登場人物の行動を具体的に想像している。 　　(C(1)エ) ・「読むこと」において, 文章の内容と自分の体験とを結び付けて, 感想をもっている。	・積極的に(①), 共通, 相違, 事柄の順序など情報と情報との関係について理解し(③), 学習課題に沿って(②)分かったことや思ったことを説明しようとしている(④)。

とともに，敬体で書かれた文章に慣れている。((1)キ)	（C(1)オ）	
・共通，相違，事柄の順序など情報と情報との関係について理解している。((2)ア)		

Ⅱ　第3学年及び第4学年

1　第3学年及び第4学年の目標と評価の観点及びその趣旨

目標	（1）	（2）	（3）
	日常生活に必要な国語の知識や技能を身に付けるとともに，我が国の言語文化に親しんだり理解したりすることができるようにする。	筋道立てて考える力や豊かに感じたり想像したりする力を養い，日常生活における人との関わりの中で伝え合う力を高め，自分の思いや考えをまとめることができるようにする。	言葉がもつよさに気付くとともに，幅広く読書をし，国語を大切にして，思いや考えを伝え合おうとする態度を養う。

（小学校学習指導要領 P.31）

観点	知識・技能	思考・判断・表現	主体的に学習に取り組む態度
趣旨	日常生活に必要な国語の知識や技能を身に付けているとともに，我が国の言語文化に親しんだり理解したりしている。	「話すこと・聞くこと」，「書くこと」，「読むこと」の各領域において，筋道立てて考える力や豊かに感じたり想像したりする力を養い，日常生活における人との関わりの中で伝え合う力を高め，自分の思いや考えをまとめている。	言葉を通じて積極的に人と関わったり，思いや考えをまとめたりしながら，言葉がもつよさに気付こうとしているとともに，幅広く読書をし，言葉をよりよく使おうとしている。

（改善等通知　別紙4　P.2）

※　〔思考力，判断力，表現力等〕の各領域において育成を目指す資質・能力を明確にするため，「思考・判断・表現」の趣旨の冒頭に，「話すこと・聞くこと」，「書くこと」，「読むこと」の3領域を明示している。

巻末資料

＊本資料は，第2編に基づいて作成したものである。作成の仕方及びその意図等については，第2編を参照のこと。

＊なお，「主体的に学習に取り組む態度」の（　）内の数字は，便宜的に付したものである。

2　内容のまとまりごとの評価規準（例）

A　話すこと・聞くこと　第3学年及び第4学年

ア　説明や報告など調べたことを話したり，それらを聞いたりする活動		
知識・技能	思考・判断・表現	主体的に学習に取り組む態度
・言葉には，考えたことや思ったことを表す働きがあることに気付いている。（(1)ア） ・相手を見て話したり聞いたりしているとともに，言葉の抑揚や強弱，間の取り方などに注意して話している。（(1)イ）	・「話すこと・聞くこと」において，相手に伝わるように，理由や事例などを挙げながら，話の中心が明確になるよう話の構成を考えている。（A(1)イ） ・「話すこと・聞くこと」において，話の中心や話す場面を意識して，言葉の抑揚や強弱，間の取り方などを工夫している。（A(1)ウ）	・粘り強く（①），話の構成を考え（③），今までの学習を生かして（②）調べたことを説明しようとしている（④）。
上記以外に設定することが考えられる評価規準の例		
・言葉には性質や役割による語句のまとまりがあることを理解し，語彙を豊かにしている。（(1)オ） ・主語と述語との関係，修飾と被修飾との関係，指示する語句と接続する語句の役割について理解している。（(1)カ） ・丁寧な言葉を使っている。（(1)キ） ・考えとそれを支える理由や事例，全体と中心など情報と情報との関係について理解している。（(2)ア） ・比較や分類の仕方，必要な語句などの書き留め方，引用の仕方や出典の示し方，辞書や事典の使い方を理解し使っている。（(2)イ） ・幅広く読書に親しみ，読書が，	・「話すこと・聞くこと」において，目的を意識して，日常生活の中から話題を決め，集めた材料を比較したり分類したりして，伝え合うために必要な事柄を選んでいる。（A(1)ア） ・「話すこと・聞くこと」において，必要なことを記録したり質問したりしながら聞き，話し手が伝えたいことや自分が聞きたいことの中心を捉え，自分の考えをもっている。（A(1)エ）	・積極的に（①），丁寧な言葉を使い（③），学習の見通しをもって（②）報告しようしている（④）。

必要な知識や情報を得ること に役立つことに気付いている。 ((3)オ)		

イ　質問するなどして情報を集めたり，それらを発表したりする活動

知識・技能	思考・判断・表現	主体的に学習に取り組む態度
・考えとそれを支える理由や事 例，全体と中心など情報と情報 との関係について理解してい る。((2)ア)	・「話すこと・聞くこと」におい て，目的を意識して，日常生活 の中から話題を決め，集めた材 料を比較したり分類したりし て，伝え合うために必要な事柄 を選んでいる。(A(1)ア) ・「話すこと・聞くこと」におい て，必要なことを記録したり質 問したりしながら聞き，話し手 が伝えたいことや自分が聞き たいことの中心を捉え，自分の 考えをもっている。(A(1)エ)	・進んで(①)，日常生活の中から 話題を決め(③)，学習の見通し をもって(②)情報を集めよう としている(④)。

上記以外に設定することが考えられる評価規準の例

・言葉には，考えたことや思った ことを表す働きがあることに 気付いている。((1)ア) ・相手を見て話したり聞いたり しているとともに，言葉の抑揚 や強弱，間の取り方などに注意 して話している。((1)イ) ・言葉には性質や役割による語 句のまとまりがあることを理 解し，語彙を豊かにしている。 ((1)オ) ・主語と述語との関係，修飾と被 修飾との関係，指示する語句と 接続する語句の役割について 理解している。((1)カ) ・丁寧な言葉を使っている。 ((1)キ) ・比較や分類の仕方，必要な語句 などの書き留め方，引用の仕方 や出典の示し方，辞書や事典の	・「話すこと・聞くこと」におい て，相手に伝わるように，理由 や事例などを挙げながら，話の 中心が明確になるよう話の構 成を考えている。(A(1)イ) ・「話すこと・聞くこと」におい て，話の中心や話す場面を意識 して，言葉の抑揚や強弱，間の 取り方などを工夫している。 (A(1)ウ)	・積極的に(①)，言葉の抑揚や強 弱，間の取り方などを工夫し (③)，今までの学習を生かして (②)質問しようとしている (④)。

知識・技能	思考・判断・表現	主体的に学習に取り組む態度
使い方を理解し使っている。((2)イ) ・幅広く読書に親しみ，読書が，必要な知識や情報を得ることに役立つことに気付いている。((3)オ)		

ウ　互いの考えを伝えるなどして，グループや学級全体で話し合う活動		
知識・技能	思考・判断・表現	主体的に学習に取り組む態度
・言葉には，考えたことや思ったことを表す働きがあることに気付いている。((1)ア) ・考えとそれを支える理由や事例，全体と中心など情報と情報との関係について理解している。((2)ア)	・「話すこと・聞くこと」において，目的を意識して，日常生活の中から話題を決め，集めた材料を比較したり分類したりして，伝え合うために必要な事柄を選んでいる。(A(1)ア) ・「話すこと・聞くこと」において，目的や進め方を確認し，司会などの役割を果たしながら話し合い，互いの意見の共通点や相違点に着目して，考えをまとめている。(A(1)オ)	・進んで(①)，目的を意識して話題を決め(③)，学習の見通しをもって(②)グループや学級全体で話し合おうとしている(④)。
上記以外に設定することが考えられる評価規準の例		
・相手を見て話したり聞いたりしているとともに，言葉の抑揚や強弱，間の取り方などに注意して話している。((1)イ) ・言葉には性質や役割による語句のまとまりがあることを理解し，語彙を豊かにしている。((1)オ) ・指示する語句と接続する語句の役割について理解している。((1)カ) ・丁寧な言葉を使っている。((1)キ) ・比較や分類の仕方，必要な語句などの書き留め方，引用の仕方や出典の示し方，辞書や事典の使い方を理解し使ってい	・「話すこと・聞くこと」において，相手に伝わるように，理由や事例などを挙げながら，話の中心が明確になるよう話の構成を考えている。(A(1)イ) ・「話すこと・聞くこと」において，必要なことを記録したり質問したりしながら聞き，話し手が伝えたいことや自分が聞きたいことの中心を捉え，自分の考えをもっている。(A(1)エ)	・積極的に(①)，相手を見て話したり聞いたりし(③)，学習課題に沿って(②)互いの考えを伝えようとしている(④)。

巻末資料

- 91 -

る。（(2)イ）		

B　書くこと　第3学年及び第4学年

ア　調べたことをまとめて報告するなど，事実やそれを基に考えたことを書く活動		
知識・技能	思考・判断・表現	主体的に学習に取り組む態度
・比較や分類の仕方，必要な語句などの書き留め方，引用の仕方や出典の示し方，辞書や事典の使い方を理解し使っている。（(2)イ） ・幅広く読書に親しみ，読書が，必要な知識や情報を得ることに役立つことに気付いている。（(3)オ）	・「書くこと」において，相手や目的を意識して，経験したことから書くことを選び，集めた材料を比較したり分類したりして，伝えたいことを明確にしている。（B(1)ア） ・「書くこと」において，自分の考えとそれを支える理由や事例との関係を明確にして，書き表し方を工夫している。（B(1)ウ）	・粘り強く（①），書き表し方を工夫し（③），学習の見通しをもって（②）報告する文章を書こうとしている（④）。
上記以外に設定することが考えられる評価規準の例		
・言葉には，考えたことや思ったことを表す働きがあることに気付いている。（(1)ア） ・漢字と仮名を用いた表記，送り仮名の付け方，改行の仕方を理解して文や文章の中で使っているとともに，句読点を適切に打っている。また，第3学年においては，日常使われている簡単な単語について，ローマ字で表記されたものを読み，ローマ字で書いている。（(1)ウ） ・当該学年の前の学年までに配当されている漢字を書き，文や文章の中で使っているとともに，当該学年に配当されている漢字を漸次書き，文や文章の中で使っている。（(1)エ） ・言葉には性質や役割による語句のまとまりがあることを理解し，語彙を豊かにしている。	・「書くこと」において，書く内容の中心を明確にし，内容のまとまりで段落をつくったり，段落相互の関係に注意したりして，文章の構成を考えている。（B(1)イ） ・「書くこと」において，間違いを正したり，相手や目的を意識した表現になっているかを確かめたりして，文や文章を整えている。（B(1)エ） ・「書くこと」において，書こうとしたことが明確になっているかなど，文章に対する感想や意見を伝え合い，自分の文章のよいところを見付けている。（B(1)オ）	・積極的に（①），考えとそれを支える理由や事例，全体と中心など情報と情報との関係について理解し（③），学習課題に沿って（②）学級新聞にまとめようとしている（④）。

巻末
資料

((1)オ) ・主語と述語との関係, 修飾と被修飾との関係, 指示する語句と接続する語句の役割, 段落の役割について理解している。((1)カ) ・考えとそれを支える理由や事例, 全体と中心など情報と情報との関係について理解している。((2)ア) ・文字の組立て方を理解し, 形を整えて書いている。 ((3)エ(ア)) ・漢字や仮名の大きさ, 配列に注意して書いている。 ((3)エ(イ)) ・毛筆を使用して点画の書き方への理解を深め, 筆圧などに注意して書いている。 ((3)エ(ウ))		

イ　行事の案内やお礼の文章を書くなど, 伝えたいことを手紙に書く活動

知識・技能	思考・判断・表現	主体的に学習に取り組む態度
・丁寧な言葉を使っているとともに, 敬体と常体との違いに注意しながら書いている。 ((1)キ) ・漢字や仮名の大きさ, 配列に注意して書いている。 ((3)エ(イ))	・「書くこと」において, 書く内容の中心を明確にし, 内容のまとまりで段落をつくったり, 段落相互の関係に注意したりして, 文章の構成を考えている。(B(1)イ) ・「書くこと」において, 間違いを正したり, 相手や目的を意識した表現になっているかを確かめたりして, 文や文章を整えている。(B(1)エ)	・粘り強く(①), 段落相互の関係に注意して文章の構成を考え(③), 学習の見通しをもって(②)案内の文章を書こうとしている(④)。
上記以外に設定することが考えられる評価規準の例		
・漢字と仮名を用いた表記, 送り仮名の付け方, 改行の仕方を理解して文や文章の中で使っているとともに, 句読点を適切に	・「書くこと」において, 相手や目的を意識して, 経験したことから書くことを選び, 集めた材料を比較したり分類した	・積極的に(①), 言葉には性質や役割による語句のまとまりがあることを理解し(③), 今までの学習を生かして(②)お

巻末資料

知識・技能	思考・判断・表現	主体的に学習に取り組む態度

打っている。また，第3学年においては，日常使われている簡単な単語について，ローマ字で表記されたものを読み，ローマ字で書いている。（(1)ウ）

・当該学年の前の学年までに配当されている漢字を書き，文や文章の中で使っているとともに，当該学年に配当されている漢字を漸次書き，文や文章の中で使っている。（(1)エ）

・様子や行動，気持ちや性格を表す語句の量を増し，文章の中で使っているとともに，言葉には性質や役割による語句のまとまりがあることを理解し，語彙を豊かにしている。（(1)オ）

・主語と述語との関係，修飾と被修飾との関係，指示する語句と接続する語句の役割，段落の役割について理解している。（(1)カ）

・考えとそれを支える理由や事例，全体と中心など情報と情報との関係について理解している。（(2)ア）

・文字の組立て方を理解し，形を整えて書いている。（(3)エ(ア)）

・漢字や仮名の大きさ，配列に注意して書いている。（(3)エ(イ)）

・毛筆を使用して点画の書き方への理解を深め，筆圧などに注意して書いている。（(3)エ(ウ)）

りして，伝えたいことを明確にしている。（B(1)ア）

・「書くこと」において，自分の考えとそれを支える理由や事例との関係を明確にして，書き表し方を工夫している。（B(1)ウ）

・「書くこと」において，書こうとしたことが明確になっているかなど，文章に対する感想や意見を伝え合い，自分の文章のよいところを見付けている。（B(1)オ）

礼の文章を書こうとしている（④）。

ウ　詩や物語をつくるなど，感じたことや想像したことを書く活動

知識・技能	思考・判断・表現	主体的に学習に取り組む態度

巻末
資料

・言葉には, 考えたことや思ったことを表す働きがあることに気付いている。((1)ア) ・様子や行動, 気持ちや性格を表す語句の量を増し, 文章の中で使っているとともに, 言葉には性質や役割による語句のまとまりがあることを理解し, 語彙を豊かにしている。((1)オ)	・「書くこと」において, 相手や目的を意識して, 経験したことや想像したことなどから書くことを選び, 集めた材料を比較したり分類したりして, 伝えたいことを明確にしている。(B(1)ア) ・「書くこと」において, 書こうとしたことが明確になっているかなど, 文章に対する感想や意見を伝え合い, 自分の文章のよいところを見付けている。(B(1)オ)	・進んで(①), 伝えたいことを明確にし(③), 学習の見通しをもって(②)詩をつくろうとしている(④)。

上記以外に設定することが考えられる評価規準の例		
・漢字と仮名を用いた表記, 送り仮名の付け方, 改行の仕方を理解して文や文章の中で使っているとともに, 句読点を適切に打っている。また, 第3学年においては, 日常使われている簡単な単語について, ローマ字で表記されたものを読み, ローマ字で書いている。((1)ウ) ・当該学年の前の学年までに配当されている漢字を書き, 文や文章の中で使っているとともに, 当該学年に配当されている漢字を漸次書き, 文や文章の中で使っている。((1)エ) ・主語と述語との関係, 修飾と被修飾との関係, 指示する語句と接続する語句の役割, 段落の役割について理解している。 ((1)カ) ・丁寧な言葉を使っているとともに, 敬体と常体との違いに注意しながら書いている。 ((1)キ)	・「書くこと」において, 書く内容の中心を明確にし, 内容のまとまりで段落をつくったり, 段落相互の関係に注意したりして, 文章の構成を考えている。(B(1)イ) ・「書くこと」において, 書き表し方を工夫している。 (B(1)ウ) ・「書くこと」において, 間違いを正したり, 相手や目的を意識した表現になっているかを確かめたりして, 文や文章を整えている。(B(1)エ)	・積極的に(①), 主語と述語との関係, 修飾と被修飾との関係, 指示する語句と接続する語句の役割, 段落の役割について理解し(③), 学習課題に沿って(②), 物語をつくろうとしている(④)。

巻末資料

・全体と中心など情報と情報との関係について理解している。（(2)ア）

・文字の組立て方を理解し，形を整えて書いている。（(3)エ(ｱ)）

・漢字や仮名の大きさ，配列に注意して書いている。（(3)エ(ｲ)）

・毛筆を使用して点画の書き方への理解を深め，筆圧などに注意して書いている。（(3)エ(ｳ)）

C　読むこと　第3学年及び第4学年

ア　記録や報告などの文章を読み，文章の一部を引用して，分かったことや考えたことを説明したり，意見を述べたりする活動		
知識・技能	思考・判断・表現	主体的に学習に取り組む態度
・比較や分類の仕方，必要な語句などの書き留め方，引用の仕方や出典の示し方，辞書や事典の使い方を理解し使っている。（(2)イ）	・「読むこと」において，目的を意識して，中心となる語や文を見付けて要約している。（C(1)ウ） ・「読むこと」において，文章を読んで理解したことに基づいて，感想や考えをもっている。（C(1)オ）	・粘り強く（①），目的を意識して，中心となる語や文を見付けて要約し（③），学習課題に沿って（②）分かったことや考えたことを説明しようとしている（④）。
上記以外に設定することが考えられる評価規準の例		
・言葉には，考えたことや思ったことを表す働きがあることに気付いている。（(1)ア） ・当該学年までに配当されている漢字を読んでいる。（(1)エ） ・様子や行動，気持ちや性格を表す語句の量を増し，話や文章の中で使っているとともに，言葉には性質や役割による語句のまとまりがあることを理解し，語彙を豊かにしている。	・「読むこと」において，段落相互の関係に着目しながら，考えとそれを支える理由や事例との関係などについて，叙述を基に捉えている。（C(1)ア） ・「読むこと」において，文章を読んで感じたことや考えたことを共有し，一人一人の感じ方などに違いがあることに気付いている。（C(1)カ）	・積極的に（①），言葉には考えたことや思ったことを表す働きがあることに気付き（③），学習の見通しをもって（②）文章の一部を引用して意見を述べようとしている（④）。

((1)オ)		
・主語と述語との関係，修飾と被修飾との関係，指示する語句と接続する語句の役割，段落の役割について理解している。((1)カ)		
・文章全体の構成や内容の大体を意識しながら音読している。((1)ク)		
・全体と中心など情報と情報との関係について理解している。((2)ア)		
・幅広く読書に親しみ，読書が，必要な知識や情報を得ることに役立つことに気付いている。((3)オ)		

イ　詩や物語などを読み，内容を説明したり，考えたことなどを伝え合ったりする活動

知識・技能	思考・判断・表現	主体的に学習に取り組む態度
・様子や行動，気持ちや性格を表す語句の量を増し，話や文章の中で使っているとともに，言葉には性質や役割による語句のまとまりがあることを理解し，語彙を豊かにしている。((1)オ)	・「読むこと」において，登場人物の気持ちの変化や性格，情景について，場面の移り変わりと結び付けて具体的に想像している。(C(1)エ)	・進んで(①)，登場人物の気持ちの変化について，場面の移り変わりと結び付けて具体的に想像し(③)，学習の見通しをもって(②)考えたことを文章にまとめようとしている(④)。
・文章全体の構成や内容の大体を意識しながら音読している。((1)ク)	・「読むこと」において，文章を読んで理解したことに基づいて，感想や考えをもっている。(C(1)オ)	

上記以外に設定することが考えられる評価規準の例

・言葉には，考えたことや思ったことを表す働きがあることに気付いている。((1)ア)	・「読むこと」において，登場人物の行動や気持ちなどについて，叙述を基に捉えている。(C(1)イ)	・積極的に(①)，主語と述語との関係，修飾と被修飾との関係，指示する語句と接続する語句の役割，段落の役割について理解し(③)，学習課題に沿って(②)内容を説明しようとしている(④)。
・当該学年までに配当されている漢字を読んでいる。((1)エ)	・「読むこと」において，文章を読んで感じたことや考えたことを共有し，一人一人の感じ方などに違いがあることに気付いている。(C(1)カ)	
・主語と述語との関係，修飾と被修飾との関係，指示する語句と接続する語句の役割，段落の役割について理解してい		

巻末資料

- 97 -

る。（(1)カ）
・全体と中心など情報と情報との関係について理解している。（(2)ア）
・比較や分類の仕方，必要な語句などの書き留め方，引用の仕方や出典の示し方，辞書や事典の使い方を理解し使っている。（(2)イ）
・易しい文語調の短歌や俳句を音読したり暗唱したりするなどして，言葉の響きやリズムに親しんでいる。（(3)ア）
・幅広く読書に親しみ，読書が，必要な知識や情報を得ることに役立つことに気付いている。（(3)オ）

ウ　学校図書館などを利用し，事典や図鑑などから情報を得て，分かったことなどをまとめて説明する活動

知識・技能	思考・判断・表現	主体的に学習に取り組む態度
・比較や分類の仕方，必要な語句などの書き留め方，引用の仕方や出典の示し方，辞書や事典の使い方を理解し使っている。（(2)イ） ・幅広く読書に親しみ，読書が，必要な知識や情報を得ることに役立つことに気付いている。（(3)オ）	・「読むこと」において，目的を意識して，中心となる語や文を見付けて要約している。（C(1)ウ） ・「読むこと」において，文章を読んで理解したことに基づいて，感想や考えをもっている。（C(1)オ）	・粘り強く（①），文章を読んで理解したことに基づいて，感想や考えをもち（③），学習の見通しをもって（②）分かったことをまとめようとしている（④）。
上記以外に設定することが考えられる評価規準の例		
・言葉には，考えたことや思ったことを表す働きがあることに気付いている。（(1)ア） ・当該学年までに配当されている漢字を読んでいる。（(1)エ） ・様子や行動，気持ちや性格を表す語句の量を増し，話や文章の中で使っているとともに，	・「読むこと」において，文章を読んで感じたことや考えたことを共有し，一人一人の感じ方などに違いがあることに気付いている。（C(1)カ）	・積極的に（①），全体と中心など情報と情報との関係について理解し（③），学習課題に沿って（②）分かったことを説明しようとしている（④）。

巻末
資料

言葉には性質や役割による語句のまとまりがあることを理解し，語彙を豊かにしている。（(1)オ）

・主語と述語との関係，修飾と被修飾との関係，指示する語句と接続する語句の役割，段落の役割について理解している。（(1)カ）

・全体と中心など情報と情報との関係について理解している。（(2)ア）

・長い間使われてきたことわざや慣用句，故事成語などの意味を知り，使っている。（(3)イ）

・漢字が，へんやつくりなどから構成されていることについて理解している。（(3)ウ）

巻末
資料

Ⅲ　第５学年及び第６学年

1　第５学年及び第６学年の目標と評価の観点及びその趣旨

	（1）	（2）	（3）
目標	日常生活に必要な国語の知識や技能を身に付けるとともに，我が国の言語文化に親しんだり理解したりすることができるようにする。	筋道立てて考える力や豊かに感じたり想像したりする力を養い，日常生活における人との関わりの中で伝え合う力を高め，自分の思いや考えを広げることができるようにする。	言葉がもつよさを認識するとともに，進んで読書をし，国語の大切さを自覚して思いや考えを伝え合おうとする態度を養う。

（小学校学習指導要領 P.34）

観点	知識・技能	思考・判断・表現	主体的に学習に取り組む態度
趣旨	日常生活に必要な国語の知識や技能を身に付けているとともに，我が国の言語文化に親しんだり理解したりしている。	「話すこと・聞くこと」，「書くこと」，「読むこと」の各領域において，筋道立てて考える力や豊かに感じたり想像したりする力を養い，日常生活における人との関わりの中で伝え合う力を高め，自分の思いや考えを広げている。	言葉を通じて積極的に人と関わったり，思いや考えを広げたりしながら，言葉がもつよさを認識しようとしているとともに，進んで読書をし，言葉をよりよく使おうとしている。

（改善等通知　別紙4　P.2）

※　〔思考力，判断力，表現力等〕の各領域において育成を目指す資質・能力を明確にするため，「思考・判断・表現」の趣旨の冒頭に，「話すこと・聞くこと」，「書くこと」，「読むこと」の3領域を明示している。

巻末資料

＊本資料は，第2編に基づいて作成したものである。作成の仕方及びその意図等については，第2編を参照のこと。

＊なお，「主体的に学習に取り組む態度」の（　）内の数字は，便宜的に付したものである。

2　内容のまとまりごとの評価規準（例）

A　話すこと・聞くこと　第5学年及び第6学年

ア　意見や提案など自分の考えを話したり，それらを聞いたりする活動		
知識・技能	思考・判断・表現	主体的に学習に取り組む態度
・原因と結果など情報と情報との関係について理解している。（(2)ア）	・「話すこと・聞くこと」において，話の内容が明確になるように，事実と感想，意見とを区別するなど，話の構成を考えている。（A(1)イ） ・「話すこと・聞くこと」において，資料を活用するなどして，自分の考えが伝わるように表現を工夫している。（A(1)ウ）	・粘り強く(①)，話の構成を考え(③)，学習の見通しをもって(②)，意見しようとしている(④)。
上記以外に設定することが考えられる評価規準の例		
・言葉には，相手とのつながりをつくる働きがあることに気付いている。（(1)ア） ・思考に関わる語句の量を増し，話の中で使っているとともに，語句と語句との関係，語句の構成や変化について理解し，語彙を豊かにしている。また，語感や言葉の使い方に対する感覚を意識して，語や語句を使っている。（(1)オ） ・話の構成や展開，話の種類とその特徴について理解している。（(1)カ） ・日常よく使われる敬語を理解し使い慣れている。（(1)キ） ・比喩や反復などの表現の工夫に気付いている。（(1)ク） ・情報と情報との関係付けの仕方，図などによる語句と語句との関係の表し方を理解し使	・「話すこと・聞くこと」において，目的や意図に応じて，日常生活の中から話題を決め，集めた材料を分類したり関係付けたりして，伝え合う内容を検討している。（A(1)ア） ・「話すこと・聞くこと」において，話し手の目的や自分が聞こうとする意図に応じて，話の内容を捉え，話し手の考えと比較しながら，自分の考えをまとめている。（A(1)エ）	・積極的に(①)，日常よく使われる敬語を理解し(③)，今までの学習を生かして(②)提案しようとしている(④)。

巻末
資料

っている。((2)イ) ・日常的に読書に親しみ，読書が，自分の考えを広げることに役立つことに気付いている。((3)オ)		

イ　インタビューなどをして必要な情報を集めたり，それらを発表したりする活動

知識・技能	思考・判断・表現	主体的に学習に取り組む態度
・日常よく使われる敬語を理解し使い慣れている。((1)キ) ・原因と結果など情報と情報との関係について理解している。((2)ア)	・「話すこと・聞くこと」において，目的や意図に応じて，日常生活の中から話題を決め，集めた材料を分類したり関係付けたりして，伝え合う内容を検討している。（A(1)ア) ・「話すこと・聞くこと」において，話し手の目的や自分が聞こうとする意図に応じて，話の内容を捉え，話し手の考えと比較しながら，自分の考えをまとめている。（A(1)エ)	・進んで(①)，目的や意図に応じて，話題を決め(③)，学習の見通しをもって(②)必要な情報を集めようとしている(④)。
上記以外に設定することが考えられる評価規準の例		
・言葉には，相手とのつながりをつくる働きがあることに気付いている。((1)ア) ・話し言葉と書き言葉との違いに気付いている。((1)イ) ・思考に関わる語句の量を増し，話の中で使っているとともに，語句と語句との関係，語句の構成や変化について理解し，語彙を豊かにしている。また，語感や言葉の使い方に対する感覚を意識して，語や語句を使っている。((1)オ) ・話の構成や展開，話の種類とその特徴について理解している。((1)カ) ・比喩や反復などの表現の工夫に気付いている。((1)ク)	・「話すこと・聞くこと」において，話の内容が明確になるように，事実と感想，意見とを区別するなど，話の構成を考えている。（A(1)イ) ・「話すこと・聞くこと」において，資料を活用するなどして，自分の考えが伝わるように表現を工夫している。（A(1)ウ)	・粘り強く(①)，思考に関わる語句の量を増し(③)，学習課題に沿って(②)インタビューをしようとしている(④)。

知識・技能	
・情報と情報との関係付けの仕方，図などによる語句と語句との関係の表し方を理解し使っている。((2)イ) ・書く速さを意識して書いている。((3)エ(ア))	

ウ　それぞれの立場から考えを伝えるなどして話し合う活動

知識・技能	思考・判断・表現	主体的に学習に取り組む態度
・言葉には，相手とのつながりをつくる働きがあることに気付いている。((1)ア) ・原因と結果など情報と情報との関係について理解している。((2)ア)	・「話すこと・聞くこと」において，目的や意図に応じて，日常生活の中から話題を決め，集めた材料を分類したり関係付けたりして，伝え合う内容を検討している。(A(1)ア) ・「話すこと・聞くこと」において，互いの立場や意図を明確にしながら計画的に話し合い，考えを広げたりまとめたりしている。(A(1)オ)	・粘り強く(①)，伝え合う内容を検討し(③)，学習の見通しをもって(②)考えを伝えようとしている(④)。
上記以外に設定することが考えられる評価規準の例		
・話し言葉と書き言葉との違いに気付いている。((1)イ) ・思考に関わる語句の量を増し，話の中で使っているとともに，語句と語句との関係，語句の構成や変化について理解し，語彙を豊かにしている。また，語感や言葉の使い方に対する感覚を意識して，語や語句を使っている。((1)オ) ・日常よく使われる敬語を理解し使い慣れている。((1)キ) ・情報と情報との関係付けの仕方，図などによる語句と語句との関係の表し方を理解し使っている。((2)イ) ・日常的に読書に親しみ，読書が，自分の考えを広げること	・「話すこと・聞くこと」において，話の内容が明確になるように，事実と感想，意見とを区別するなど，話の構成を考えている。(A(1)イ) ・「話すこと・聞くこと」において，話し手の目的や自分が聞こうとする意図に応じて，話の内容を捉え，話し手の考えと比較しながら，自分の考えをまとめている。(A(1)エ)	・積極的に(①)，語感や言葉の使い方に対する感覚を意識し(③)，学習課題に沿って(②)話し合おうとしている(④)。

に役立つことに気付いている。((3)オ)		

B　書くこと　第5学年及び第6学年

ア　事象を説明したり意見を述べたりするなど，考えたことや伝えたいことを書く活動		
知識・技能	思考・判断・表現	主体的に学習に取り組む態度
・文の中での語句の係り方や語順，文と文との接続の関係，文章の構成や展開，文章の種類とその特徴について理解している。((1)カ) ・原因と結果など情報と情報との関係について理解している。((2)ア)	・「書くこと」において，筋道の通った文章となるように，文章全体の構成や展開を考えている。(B(1)イ) ・「書くこと」において，目的や意図に応じて簡単に書いたり詳しく書いたりしているとともに，事実と感想，意見とを区別して書いたりしているなど，自分の考えが伝わるように書き表し方を工夫している。(B(1)ウ)	・粘り強く(①)，文章全体の構成や展開を考え(③)，学習の見通しをもって(②)事象を説明する文章を書こうとしている(④)。
上記以外に設定することが考えられる評価規準の例		
・言葉には，相手とのつながりをつくる働きがあることに気付いている。((1)ア) ・話し言葉と書き言葉との違いに気付いている。((1)イ) ・文や文章の中で漢字と仮名を適切に使い分けているとともに，送り仮名や仮名遣いに注意して正しく書いている。((1)ウ) ・当該学年の前の学年までに配当されている漢字を書き，文や文章の中で使っているとともに，当該学年に配当されている漢字を漸次書き，文や文章の中で使っている。((1)エ) ・思考に関わる語句の量を増し，文章の中で使っているととも	・「書くこと」において，目的や意図に応じて，感じたことや考えたことなどから書くことを選び，集めた材料を分類したり関係付けたりして，伝えたいことを明確にしている。(B(1)ア) ・「書くこと」において，引用したり，図表やグラフなどを用いたりして，自分の考えが伝わるように書き表し方を工夫している。(B(1)エ) ・「書くこと」において，文章全体の構成や書き表し方などに着目して，文や文章を整えている。(B(1)オ) ・「書くこと」において，文章全体の構成や展開が明確になっているかなど，文章に対する	・積極的に(①)，情報と情報との関係付けの仕方，図などによる語句と語句との関係の表し方を理解し(③)，学習課題に沿って(②)意見を述べる文章を書こうとしている(④)。

知識・技能	思考・判断・表現	主体的に学習に取り組む態度
・に，語句と語句との関係，語句の構成や変化について理解し，語彙を豊かにしている。また，語感や言葉の使い方に対する感覚を意識して，語や語句を使っている。（(1)オ） ・情報と情報との関係付けの仕方，図などによる語句と語句との関係の表し方を理解し使っている。（(2)イ） ・目的に応じて使用する筆記具を選び，その特徴を生かして書いている。（(3)エ(ウ)）	感想や意見を伝え合い，自分の文章のよいところを見付けている。（B(1)カ）	

イ　短歌や俳句をつくるなど，感じたことや想像したことを書く活動

知識・技能	思考・判断・表現	主体的に学習に取り組む態度
・親しみやすい古文，近代以降の文語調の文章を音読するなどして，言葉の響きやリズムに親しんでいる。（(3)ア）	・「書くこと」において，書き表し方などに着目して，文を整えている。（B(1)オ） ・「書くこと」において，文章全体の構成や展開が明確になっているかなど，文章に対する感想や意見を伝え合い，自分の文章のよいところを見付けている。（B(1)カ）	・粘り強く（①），書き表し方に着目して文を整え（③），今までの学習を生かして（②）短歌をつくろうとしている（④）。

上記以外に設定することが考えられる評価規準の例

知識・技能	思考・判断・表現	主体的に学習に取り組む態度
・当該学年の前の学年までに配当されている漢字を書き，文や文章の中で使っているとともに，当該学年に配当されている漢字を漸次書き，文や文章の中で使っている。（(1)エ） ・思考に関わる語句の量を増し，文章の中で使っているとともに，語句と語句との関係，語句の構成や変化について理解し，語彙を豊かにしている。また，語感や言葉の使い方に対する感覚を意識して，語や語	・「書くこと」において，目的や意図に応じて，感じたことや考えたことなどから書くことを選び，集めた材料を分類したり関係付けたりして，伝えたいことを明確にしている。（B(1)ア） ・「書くこと」において，筋道の通った文章となるように，文章全体の構成や展開を考えている。（B(1)イ） ・「書くこと」において，目的や意図に応じて簡単に書いたり	・進んで（①），語感や言葉の使い方に対する感覚を意識し（③），学習の見通しをもって（②）俳句をつくろうとしている（④）。

句を使っている。((1)オ)

・文の中での語句の係り方や語
順，文と文との接続の関係，文
章の構成や展開，文章の種類
とその特徴について理解して
いる。((1)カ)

・比喩などの表現の工夫に気付
いている。((1)ク)

・情報と情報との関係付けの仕
方，語句と語句との関係の表
し方を理解し使っている。
((2)イ)

・用紙全体との関係に注意して，
文字の大きさや配列などを決
めているとともに，書く速さ
を意識して書いている。
((3)エ(ア))

・毛筆を使用して，穂先の動きと
点画のつながりを意識して書
いている。((3)エ(イ))

・目的に応じて使用する筆記具
を選び，その特徴を生かして
書いている。((3)エ(ウ))

詳しく書いたりして，自分の
考えが伝わるように書き表し
方を工夫している。(B(1)ウ)

ウ　事実や経験を基に，感じたり考えたりしたことや自分にとっての意味について文章に書く活動

知識・技能	思考・判断・表現	主体的に学習に取り組む態度
・思考に関わる語句の量を増し，文章の中で使っているとともに，語句と語句との関係，語句の構成や変化について理解し，語彙を豊かにしている。また，語感や言葉の使い方に対する感覚を意識して，語や語句を使っている。((1)オ)	・「書くこと」において，目的や意図に応じて，感じたことや考えたことなどから書くことを選び，集めた材料を分類したり関係付けたりして，伝えたいことを明確にしている。(B(1)ア) ・「書くこと」において，目的や意図に応じて簡単に書いたり詳しく書いたりしているとともに，事実と感想，意見とを区別して書いたりしているなど，自分の考えが伝わるよう	・粘り強く（①），伝えたいことを明確にし（③），学習の見通しをもって（②）感じたり考えたりしたことについて文章に書こうとしている（④）。

| | に書き表し方を工夫している。（B(1)ウ） | |

--- | --- | --- |
| 上記以外に設定することが考えられる評価規準の例 | | |
| ・言葉には，相手とのつながりをつくる働きがあることに気付いている。（(1)ア）
・当該学年の前の学年までに配当されている漢字を書き，文や文章の中で使っているとともに，当該学年に配当されている漢字を漸次書き，文や文章の中で使っている。（(1)エ）
・文の中での語句の係り方や語順，文と文との接続の関係，文章の構成や展開，文章の種類とその特徴について理解している。（(1)カ）
・比喩や反復などの表現の工夫に気付いている。（(1)ク）
・原因と結果など情報と情報との関係について理解している。（(2)ア）
・情報と情報との関係付けの仕方，図などによる語句と語句との関係の表し方を理解し使っている。（(2)イ）
・書く速さを意識して書いている。（(3)エ(ｱ)） | ・「書くこと」において，筋道の通った文章となるように，文章全体の構成や展開を考えている。（B(1)イ）
・「書くこと」において，文章全体の構成や書き表し方などに着目して，文や文章を整えている。（B(1)オ）
・「書くこと」において，文章全体の構成や展開が明確になっているかなど，文章に対する感想や意見を伝え合い，自分の文章のよいところを見付けている。（B(1)カ） | ・積極的に（①），文章の種類とその特徴について理解し（③），学習課題に沿って（②）感じたり考えたりしたことについて文章に書こうとしている（④）。 |

C　読むこと　第5学年及び第6学年

ア　説明や解説などの文章を比較するなどして読み，分かったことや考えたことを，話し合ったり文章にまとめたりする活動		
知識・技能	思考・判断・表現	主体的に学習に取り組む態度
・思考に関わる語句の量を増し，話や文章の中で使うとともに，語句と語句との関係，語句の構成や変化について理解し，語彙を豊かにしている。	・「読むこと」において，目的に応じて，文章と図表などを結び付けるなどして必要な情報を見付けたり，論の進め方について考えたりしている。	・粘り強く（①），論の進め方について考え（③），学習の見通しをもって（②）分かったことや考えたことを文章にまとめようとしている（④）。

((1)オ) ・原因と結果など情報と情報との関係について理解している。((2)ア)	(C(1)ウ) ・「読むこと」において，文章を読んでまとめた意見や感想を共有し，自分の考えを広げている。(C(1)カ)	

上記以外に設定することが考えられる評価規準の例		
・言葉には，相手とのつながりをつくる働きがあることに気付いている。((1)ア) ・当該学年までに配当されている漢字を読んでいる。((1)エ) ・文の中での語句の係り方や語順，文と文との接続の関係，話や文章の構成や展開，話や文章の種類とその特徴について理解している。((1)カ) ・文章を音読したり朗読したりしている。((1)ケ) ・情報と情報との関係付けの仕方，図などによる語句と語句との関係の表し方を理解し使っている。((2)イ) ・日常的に読書に親しみ，読書が，自分の考えを広げることに役立つことに気付いている。((3)オ)	・「読むこと」において，事実と感想，意見などとの関係を叙述を基に押さえ，文章全体の構成を捉えて要旨を把握している。(C(1)ア) ・「読むこと」において，文章を読んで理解したことに基づいて，自分の考えをまとめている。(C(1)オ)	・進んで（①），日常的に読書に親しみ（③），今までの学習を生かして（②）分かったことや考えたことを話し合おうとしている（④）。

イ　詩や物語，伝記などを読み，内容を説明したり，自分の生き方などについて考えたことを伝え合ったりする活動

知識・技能	思考・判断・表現	主体的に学習に取り組む態度
・比喩や反復などの表現の工夫に気付いている。((1)ク) ・文章を音読したり朗読したりしている。((1)ケ)	・「読むこと」において，人物像や物語などの全体像を具体的に想像したり，表現の効果を考えたりしている。(C(1)エ) ・「読むこと」において，文章を読んで理解したことに基づいて，自分の考えをまとめている。(C(1)オ)	・進んで（①），物語の全体像を具体的に想像し（③），学習の見通しをもって（②）考えたことを文章にまとめようとしている（④）。

上記以外に設定することが考えられる評価規準の例		

・言葉には，相手とのつながりを
　つくる働きがあることに気付
　いている。（(1)ア）
・当該学年までに配当されてい
　る漢字を読んでいる。（(1)エ）
・思考に関わる語句の量を増し，
　話や文章の中で使っていると
　ともに，語句と語句との関係，
　語句の構成や変化について理
　解し，語彙を豊かにしている。
　（(1)オ）
・文の中での語句の係り方や語
　順，文と文との接続の関係，話
　や文章の構成や展開，話や文
　章の種類とその特徴について
　理解している。（(1)カ）
・原因と結果など情報と情報と
　の関係について理解してい
　る。（(2)ア）
・情報と情報との関係付けの仕
　方，図などによる語句と語句
　との関係の表し方を理解し使
　っている。（(2)イ）
・親しみやすい古文や漢文，近代
　以降の文語調の文章を音読す
　るなどして，言葉の響きやリ
　ズムに親しんでいる。（(3)ア）
・古典について解説した文章を
　読んだり作品の内容の大体を
　知ったりすることを通して，
　昔の人のものの見方や感じ方
　を知っている。（(3)イ）
・語句の由来などに関心をもっ
　ているとともに，時間の経過
　による言葉の変化や世代によ
　る言葉の違いに気付き，共通
　語と方言との違いを理解して
　いる。また，仮名及び漢字の由

・「読むこと」において，登場人
　物の相互関係や心情などにつ
　いて，描写を基に捉えている。
　（Ｃ(1)イ）
・「読むこと」において，文章を
　読んでまとめた意見や感想を
　共有し，自分の考えを広げて
　いる。（Ｃ(1)カ）

・積極的に（①），原因と結果な
　ど情報と情報との関係につい
　て理解し（③），学習課題に沿
　って（②）内容を説明しようと
　している（④）。

巻末
資料

来，特質などについて理解している。((3)ウ)		
・日常的に読書に親しみ，読書が，自分の考えを広げることに役立つことに気付いている。((3)オ)		

ウ　学校図書館などを利用し，複数の本や新聞などを活用して，調べたり考えたりしたことを報告する活動

知識・技能	思考・判断・表現	主体的に学習に取り組む態度
・情報と情報との関係付けの仕方，図などによる語句と語句との関係の表し方を理解し使っている。((2)イ) ・日常的に読書に親しみ，読書が，自分の考えを広げることに役立つことに気付いている。((3)オ)	・「読むこと」において，文章を読んで理解したことに基づいて，自分の考えをまとめている。(C(1)オ) ・「読むこと」において，文章を読んでまとめた意見や感想を共有し，自分の考えを広げている。(C(1)カ)	・進んで(①)，文章を読んでまとめた意見や感想を共有し(③)，学習課題に沿って(②)考えたことを報告しようとしている(④)。
上記以外に設定することが考えられる評価規準の例		
・言葉には，相手とのつながりをつくる働きがあることに気付いている。((1)ア) ・当該学年までに配当されている漢字を読んでいる。((1)エ) ・思考に関わる語句の量を増し，話や文章の中で使っているとともに，語句と語句との関係，語句の構成や変化について理解し，語彙を豊かにしている。((1)オ) ・文の中での語句の係り方や語順，文と文との接続の関係，話や文章の構成や展開，話や文章の種類とその特徴について理解している。((1)カ) ・比喩や反復などの表現の工夫に気付いている。((1)ク) ・原因と結果など情報と情報との関係について理解してい	・「読むこと」において，事実と感想，意見などとの関係を叙述を基に押さえ，文章全体の構成を捉えて要旨を把握している。(C(1)ア) ・「読むこと」において，登場人物の相互関係や心情などについて，描写を基に捉えている。(C(1)イ) ・「読むこと」において，目的に応じて，文章と図表などを結び付けるなどして必要な情報を見付けたり，論の進め方について考えたりしている。(C(1)ウ) ・「読むこと」において，人物像や物語などの全体像を具体的に想像したり，表現の効果を考えたりしている。(C(1)エ)	・積極的に(①)，文章の種類とその特徴について理解し(③)，今までの学習を生かして(②)，調べたことを報告しようとしている(④)。

る。（(2)ア）
・語句の由来などに関心をもっ
ているとともに，時間の経過
による言葉の変化や世代によ
る言葉の違いに気付き，共通
語と方言との違いを理解して
いる。また，仮名及び漢字の由
来，特質などについて理解し
ている。（(3)ウ）

評価規準，評価方法等の工夫改善に関する調査研究について

平成 31 年 2 月 4 日　国立教育政策研究所長裁定
平成 31 年 4 月 12 日　一　部　改　正

1　趣　旨

　　学習評価については，中央教育審議会初等中等教育分科会教育課程部会において「児童生徒の学習評価の在り方について」（平成 31 年 1 月 21 日）の報告がまとめられ，新しい学習指導要領に対応した，各教科等の評価の観点及び評価の観点に関する考え方が示されたところである。

　　これを踏まえ，各小学校，中学校及び高等学校における児童生徒の学習の効果的，効率的な評価に資するため，教科等ごとに，評価規準，評価方法等の工夫改善に関する調査研究を行う。

2　調査研究事項
（1）評価規準及び当該規準を用いた評価方法に関する参考資料の作成
（2）学校における学習評価に関する取組についての情報収集
（3）上記（1）及び（2）に関連する事項

3　実施方法

　　調査研究に当たっては，教科等ごとに教育委員会関係者，教師及び学識経験者等を協力者として委嘱し，2 の事項について調査研究を行う。

4　庶　務

　　この調査研究にかかる庶務は，教育課程研究センターにおいて処理する。

5　実施期間

　　平成 31 年 4 月 19 日～令和 2 年 3 月 31 日

巻末資料

評価規準，評価方法等の工夫改善に関する調査研究協力者（五十音順）

（職名は平成 31 年 4 月現在）

市川裕佳子　　　東京都町田市立鶴川第二小学校指導教諭

大塚健太郎　　　東京学芸大学附属小金井小学校教諭

大村　幸子　　　東京都武蔵野市立桜野小学校指導教諭

折川　　司　　　金沢大学教授

樺山　敏郎　　　大妻女子大学准教授

酒見　裕子　　　東京都福生市教育委員会統括指導主事

庭田　瑞穂　　　青森県黒石市立中郷小学校教頭

村松　裕香　　　東京都渋谷区立広尾小学校主任教諭

国立教育政策研究所においては，次の関係官が担当した。

菊池　英慈　　　国立教育政策研究所教育課程研究センター研究開発部教育課程調査官

巻末資料

この他，本書編集の全般にわたり，国立教育政策研究所において以下の者が担当した。

笹井　弘之　　　国立教育政策研究所教育課程研究センター長

清水　正樹　　　国立教育政策研究所教育課程研究センター研究開発部副部長

髙井　　修　　　国立教育政策研究所教育課程研究センター研究開発部研究開発課長

高橋　友之　　　国立教育政策研究所教育課程研究センター研究開発部研究開発課指導係長

奥田　正幸　　　国立教育政策研究所教育課程研究センター研究開発部研究開発課指導係専門職

森　　孝博　　　国立教育政策研究所教育課程研究センター研究開発部教育課程調査官

学習指導要領等関係資料について

　学習指導要領等の関係資料は以下のとおりです。いずれも，文部科学省や国立教育政策研究所のウェブサイトから閲覧が可能です。スマートフォンなどで閲覧する際は，以下の二次元コードを読み取って，資料に直接アクセスする事が可能です。本書と合わせて是非ご覧ください。

① 学習指導要領、学習指導要領解説　等
② 中央教育審議会答申「幼稚園、小学校、中学校、高等学校及び特別支援学校の学習指導要領等の改善及び必要な方策等について」（平成28年12月21日）
③ 中央教育審議会初等中等教育分科会教育課程部会報告「児童生徒の学習評価の在り方について」（平成31年1月21日）
④ 小学校，中学校，高等学校及び特別支援学校等における児童生徒の学習評価及び指導要録の改善等について（平成31年3月29日30文科初第1845号初等中等教育局長通知）
　　　　　　　　　　　※各教科等の評価の観点等及びその趣旨や指導要録（参考様式）は，同通知に掲載。
⑤ 学習評価の在り方ハンドブック(小・中学校編)（令和元年6月）
⑥ 学習評価の在り方ハンドブック(高等学校編)（令和元年6月）
⑦ 平成29年改訂の小・中学校学習指導要領に関するQ&A
⑧ 平成30年改訂の高等学校学習指導要領に関するQ&A
⑨ 平成29・30年改訂の学習指導要領下における学習評価に関するQ&A

巻末資料

学習評価の在り方ハンドブック

小・中学校編

文部科学省　国立教育政策研究所教育課程研究センター

学習指導要領

学習指導要領とは，国が定めた「教育課程の基準」です。
（学校教育法施行規則第52条, 74条,84条及び129条等より）

■学習指導要領の構成
〈小学校の例〉

総則は，以下の項目で整理され，
全ての教科等に共通する事項が記載されています。
- ● 第1　小学校教育の基本と教育課程の役割
- ● 第2　教育課程の編成
- ● 第3　教育課程の実施と学習評価
- ● 第4　児童の発達の支援
- ● 第5　学校運営上の留意事項
- ● 第6　道徳教育に関する配慮事項

学習評価の
実施に当たっての
配慮事項

前文
第1章　総則
第2章　各教科
　　　第1節　　国語
　　　第2節　　社会
　　　第3節　　算数
　　　第4節　　理科
　　　第5節　　生活
　　　第6節　　音楽
　　　第7節　　図画工作
　　　第8節　　家庭
　　　第9節　　体育
　　　第10節　　外国語
第3章　特別の教科 道徳
第4章　外国語活動
第5章　総合的な学習の時間
第6章　特別活動

各教科等の目標，内容等が記載されています。
（例）第1節　国語
- ● 第1　目標
- ● 第2　各学年の目標及び内容
- ● 第3　指導計画の作成と内容の取扱い

　平成29年改訂学習指導要領の各教科等の目標や内容は，
教育課程全体を通して育成を目指す資質・能力の三つの柱に
基づいて再整理されています。

ア　何を理解しているか，何ができるか
　　（生きて働く「知識・技能」の習得）
イ　理解していること・できることをどう使うか（未知の状況にも
　　対応できる「思考力・判断力・表現力等」の育成）
ウ　どのように社会・世界と関わり，よりよい人生を送るか
　　（学びを人生や社会に生かそうとする「学びに向かう力・
　　人間性等」の涵養）

平成29年改訂「小学校学習指導要領」より
※中学校もおおむね同様の構成です。

詳しくは，文部科学省Webページ「学習指導要領のくわしい内容」をご覧ください。
(http://www.mext.go.jp/a_menu/shotou/new-cs/1383986.htm)

学習指導要領解説

　学習指導要領解説とは，大綱的な基準である学習指導要領の記述の意味や解釈などの詳細について説明するために，文部科学省が作成したものです。

■学習指導要領解説の構成
〈小学校 国語編の例〉

●第1章　総説
　　　　1　改訂の経緯及び基本方針
　　　　2　国語科の改訂の趣旨及び要点

> 総説
> 改訂の経緯及び
> 基本方針

●第2章　国語科の目標及び内容
　第1節　国語科の目標
　　　　1　教科の目標
　　　　2　学年の目標
　第2節　国語科の内容
　　　　1　内容の構成
　　　　2　〔知識及び技能〕の内容
　　　　3　〔思考力，判断力，表現力等〕の内容

●第3章　各学年の内容
　第1節　第1学年及び第2学年の内容
　　　　1　〔知識及び技能〕
　　　　2　〔思考力，判断力，表現力等〕
　第2節　第3学年及び第4学年の内容
　　　　1　〔知識及び技能〕
　　　　2　〔思考力，判断力，表現力等〕
　第3節　第5学年及び第6学年の内容
　　　　1　〔知識及び技能〕
　　　　2　〔思考力，判断力，表現力等〕

●第4章　指導計画の作成と内容の取扱い
　　　　1　指導計画作成上の配慮事項
　　　　2　内容の取扱いについての配慮事項
　　　　3　教材についての配慮事項

●付録
　付録1：学校教育施行規則（抄）
　付録2：小学校学習指導要領　第1章　総則
　付録3：小学校学習指導要領　第2章　第1節　国語
　付録4：教科の目標,各学年の目標及び内容の系統表
　　　　（小・中学校国語科）
　付録5：中学校学習指導要領　第2章　第1節　国語
　付録6：小学校学習指導要領　第2章　第10節　外国語
　付録7：小学校学習指導要領　第4章　外国語活動
　付録8：小学校学習指導要領　第3章　特別の教科　道徳
　付録9：「道徳の内容」の学年段階・学校段階の一覧表
　付録10：幼稚園教育要領

> 教科等の目標
> 及び内容の概要

> 参考
> （系統性等）

> 学年や
> 分野ごとの内容

> 指導計画作成や
> 内容の取扱いに係る配慮事項

「小学校学習指導要領解説 国語編」より
※中学校もおおむね同様の構成です。「総則編」,「総合的な学習の時間編」及び「特別活動編」は異なった構成となっています。

> 教師は，学習指導要領で定めた資質・能力が，児童生徒に確実に育成されているかを評価します

学習評価の基本的な考え方

　学習評価は,学校における教育活動に関し,児童生徒の学習状況を評価するものです。「児童生徒にどういった力が身に付いたか」という学習の成果を的確に捉え,**教師が指導の改善を図る**とともに,**児童生徒自身が自らの学習を振り返って次の学習に向かうことができるようにする**ためにも,学習評価の在り方は重要であり,教育課程や学習・指導方法の改善と一貫性のある取組を進めることが求められます。

カリキュラム・マネジメントの一環としての指導と評価

　各学校は,日々の授業の下で児童生徒の学習状況を評価し,その結果を児童生徒の学習や教師による指導の改善や学校全体としての教育課程の改善,校務分掌を含めた組織運営等の改善に生かす中で,学校全体として組織的かつ計画的に教育活動の質の向上を図っています。

　このように,「学習指導」と「学習評価」は学校の教育活動の根幹であり,教育課程に基づいて組織的かつ計画的に教育活動の質の向上を図る「カリキュラム・マネジメント」の中核的な役割を担っています。

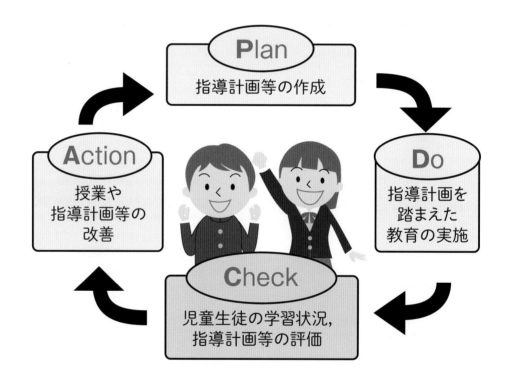

主体的・対話的で深い学びの視点からの授業改善と評価

　指導と評価の一体化を図るためには,児童生徒一人一人の学習の成立を促すための評価という視点を一層重視することによって,教師が自らの指導のねらいに応じて授業の中での児童生徒の学びを振り返り,学習や指導の改善に生かしていくというサイクルが大切です。平成29年改訂学習指導要領で重視している「主体的・対話的で深い学び」の視点からの授業改善を通して,各教科等における資質・能力を確実に育成する上で,学習評価は重要な役割を担っています。

☑ 教師の指導改善に
つながるものにしていくこと

☑ 児童生徒の学習改善に
つながるものにしていくこと

☑ これまで慣行として行われてきたことでも,
必要性・妥当性が認められないものは
見直していくこと

次の授業では
〇〇を重点的に
指導しよう。

〇〇のところは
もっと～した方が
よいですね。

詳しくは,平成31年3月29日文部科学省初等中等教育局長通知「小学校,中学校,高等学校及び特別
支援学校等における児童生徒の学習評価及び指導要録の改善等について(通知)」をご覧ください。
(http://www.mext.go.jp/b_menu/hakusho/nc/1415169.htm)

 **コラム**　　　評価に戸惑う児童生徒の声

　「先生によって観点の重みが違うんです。授業態度を
とても重視する先生もいるし,テストだけで判断するという
先生もいます。そうすると,どう努力していけばよいのか
本当に分かりにくいんです。」(中央教育審議会初等
中等教育分科会教育課程部会 児童生徒の学習評価
に関するワーキンググループ第7回における高等学校
3年生の意見より)

　あくまでこれは一部の意見ですが,学習評価に対する
児童生徒のこうした意見には,適切な評価を求める切実

な思いが込められています。そのような児童生徒の声に
応えるためにも,教師は,児童生徒への学習状況の
フィードバックや,授業改善に生かすという評価の機能
を一層充実させる必要があります。教師と児童生徒が共
に納得する学習評価を行うためには,評価規準を適切に
設定し,評価の規準や方法について,教師と児童生徒
及び保護者で共通理解を図るガイダンス的な機能と,
児童生徒の自己評価と教師の評価を結び付けていく
カウンセリング的な機能を充実させていくことが重要です。

Column

学習評価の基本構造

　平成29年改訂で, 学習指導要領の目標及び内容が資質・能力の三つの柱で再整理されたことを踏まえ, 各教科における観点別学習状況の評価の観点については, 「知識・技能」, 「思考・判断・表現」, 「主体的に学習に取り組む態度」の3観点に整理されています。

「学びに向かう力, 人間性等」には
① 「主体的に学習に取り組む態度」として観点別評価(学習状況を分析的に捉える)を通じて見取ることができる部分と,
② 観点別評価や評定にはなじまず, こうした評価では示しきれないことから個人内評価を通じて見取る部分があります。

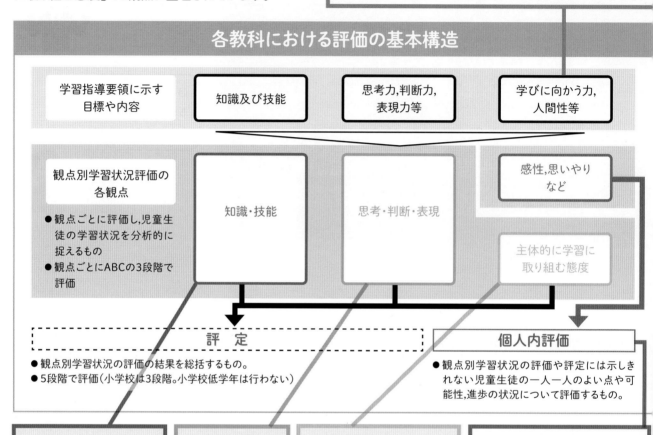

各教科における評価の基本構造

学習指導要領に示す目標や内容	知識及び技能	思考力, 判断力, 表現力等	学びに向かう力, 人間性等

観点別学習状況評価の各観点
- 観点ごとに評価し, 児童生徒の学習状況を分析的に捉えるもの
- 観点ごとにABCの3段階で評価

知識・技能	思考・判断・表現	感性, 思いやり　など
		主体的に学習に取り組む態度

評定
- 観点別学習状況の評価の結果を総括するもの。
- 5段階で評価(小学校は3段階。小学校低学年は行わない)

個人内評価
- 観点別学習状況の評価や評定には示しきれない児童生徒の一人一人のよい点や可能性, 進歩の状況について評価するもの。

各教科等における学習の過程を通した知識及び技能の習得状況について評価を行うとともに, それらを既有の知識及び技能と関連付けたり活用したりする中で, 他の学習や生活の場面でも活用できる程度に概念等を理解したり, 技能を習得したりしているかを評価します。	各教科等の知識及び技能を活用して課題を解決する等のために必要な思考力, 判断力, 表現力等を身に付けているかどうかを評価します。	知識及び技能を獲得したり, 思考力, 判断力, 表現力等を身に付けたりするために, 自らの学習状況を把握し, 学習の進め方について試行錯誤するなど自らの学習を調整しながら, 学ぼうとしているかどうかという意思的な側面を評価します。	個人内評価の対象となるものについては, 児童生徒が学習したことの意義や価値を実感できるよう, 日々の教育活動等の中で児童生徒に伝えることが重要です。特に, 「学びに向かう力, 人間性等」のうち「感性や思いやり」など児童生徒一人一人のよい点や可能性, 進歩の状況などを積極的に評価し児童生徒に伝えることが重要です。

　詳しくは, 平成31年1月21日文部科学省中央教育審議会初等中等教育分科会教育課程部会「児童生徒の学習評価の在り方について(報告)」をご覧ください。
(http://www.mext.go.jp/b_menu/shingi/chukyo/chukyo3/004/gaiyou/1412933.htm)

特別の教科 道徳, 外国語活動, 総合的な学習の時間及び特別活動の評価について

特別の教科 道徳, 外国語活動(小学校のみ), 総合的な学習の時間, 特別活動についても, 学習指導要領で示したそれぞれの目標や特質に応じ, 適切に評価します。なお, 道徳科の評価は, 入学者選抜の合否判定に活用することのないようにする必要があります。

特別の教科 道徳(道徳科)

児童生徒の人格そのものに働きかけ, 道徳性を養うことを目標とする道徳科の評価としては, 観点別評価は妥当ではありません。授業において児童生徒に考えさせることを明確にして, 「道徳的諸価値についての理解を基に, 自己を見つめ, 物事を(広い視野から)多面的・多角的に考え, 自己の(人間としての)生き方についての考えを深める」という学習活動における児童生徒の具体的な取組状況を, 一定のまとまりの中で, 児童生徒が学習の見通しを立てたり学習したことを振り返ったりする活動を適切に設定しつつ, 学習活動全体を通して見取ります。

外国語活動(小学校のみ)

評価の観点については, 学習指導要領に示す「第1目標」を踏まえ, 右の表を参考に設定することとしています。この3つの観点に則して児童の学習状況を見取ります。

知識・技能	思考・判断・表現	主体的に学習に取り組む態度
●外国語を通して, 言語や文化について体験的に理解を深めている。 ●日本語と外国語の音声の違い等に気付いている。 ●外国語の音声や基本的な表現に慣れ親しんでいる。	身近で簡単な事柄について, 外国語で聞いたり話したりして自分の考えや気持ちなどを伝え合っている。	外国語を通して, 言語やその背景にある文化に対する理解を深め, 相手に配慮しながら, 主体的に外国語を用いてコミュニケーションを図ろうとしている。

総合的な学習の時間

評価の観点については, 学習指導要領に示す「第1目標」を踏まえ, 各学校において具体的に定めた目標, 内容に基づいて, 右の表を参考に定めることとしています。この3つの観点に則して児童生徒の学習状況を見取ります。

知識・技能	思考・判断・表現	主体的に学習に取り組む態度
探究的な学習の過程において, 課題の解決に必要な知識や技能を身に付け, 課題に関わる概念を形成し, 探究的な学習のよさを理解している。	実社会や実生活の中から問いを見いだし, 自分で課題を立て, 情報を集め, 整理・分析して, まとめ・表現している。	探究的な学習に主体的・協働的に取り組もうとしているとともに, 互いのよさを生かしながら, 積極的に社会に参画しようとしている。

特別活動

特別活動の特質と学校の創意工夫を生かすということから, 設置者ではなく, 各学校が評価の観点を定めることとしています。その際, 学習指導要領に示す特別活動の目標や学校として重点化した内容を踏まえ, 例えば以下のように, 具体的に観点を示すことが考えられます。

特別活動の記録								
内容	観点 学年		1	2	3	4	5	6
学級活動	よりよい生活を築くための知識・技能		○		○	○	○	
児童会活動	集団や社会の形成者としての思考・判断・表現			○	○		○	
クラブ活動	主体的に生活や人間関係をよりよくしようとする態度					○		
学校行事				○		○	○	

小学校児童指導要録(参考様式)様式2の記入例(5年生の例)

各学校で定めた観点を記入した上で, 内容ごとに, 十分満足できる状況にあると判断される場合に, ○印を記入します。

○印をつけた具体的な活動の状況等については, 「総合所見及び指導上参考となる諸事項」の欄に簡潔に記述することで, 評価の根拠を記録に残すことができます。

なお, 特別活動は学級担任以外の教師が指導する活動が多いことから, 評価体制を確立し, 共通理解を図って, 児童生徒のよさや可能性を多面的・総合的に評価するとともに, 確実に資質・能力が育成されるよう指導の改善に生かすことが求められます。

観点別学習状況の評価について

　観点別学習状況の評価とは, 学習指導要領に示す目標に照らして, その実現状況がどのようなものであるかを, 観点ごとに評価し, 児童生徒の学習状況を分析的に捉えるものです。

■「知識・技能」の評価の方法

　「知識・技能」の評価の考え方は, 従前の評価の観点である「知識・理解」,「技能」においても重視してきたところです。具体的な評価方法としては, 例えばペーパーテストにおいて, 事実的な知識の習得を問う問題と, 知識の概念的な理解を問う問題とのバランスに配慮するなどの工夫改善を図る等が考えられます。また, 児童生徒が文章による説明をしたり, 各教科等の内容の特質に応じて, 観察・実験をしたり, 式やグラフで表現したりするなど実際に知識や技能を用いる場面を設けるなど, 多様な方法を適切に取り入れていくこと等も考えられます。

■「思考・判断・表現」の評価の方法

　「思考・判断・表現」の評価の考え方は, 従前の評価の観点である「思考・判断・表現」においても重視してきたところです。具体的な評価方法としては, ペーパーテストのみならず, 論述やレポートの作成, 発表, グループや学級における話合い, 作品の制作や表現等の多様な活動を取り入れたり, それらを集めたポートフォリオを活用したりするなど評価方法を工夫することが考えられます。

■「主体的に学習に取り組む態度」の評価の方法

　具体的な評価方法としては, ノートやレポート等における記述, 授業中の発言, 教師による行動観察や, 児童生徒による自己評価や相互評価等の状況を教師が評価を行う際に考慮する材料の一つとして用いることなどが考えられます。その際, 各教科等の特質に応じて, 児童生徒の発達の段階や一人一人の個性を十分に考慮しながら,「知識・技能」や「思考・判断・表現」の観点の状況を踏まえた上で, 評価を行う必要があります。

「主体的に学習に取り組む態度」の評価のイメージ

○「主体的に学習に取り組む態度」の評価については、①知識及び技能を獲得したり、思考力、判断力、表現力等を身に付けたりすることに向けた粘り強い取組を行おうとする側面と、②①の粘り強い取組を行う中で、自らの学習を調整しようとする側面、という二つの側面から評価することが求められる。

○これら①②の姿は実際の教科等の学びの中では別々ではなく相互に関わり合いながら立ち現れるものと考えられる。例えば、自らの学習を全く調整しようとせず粘り強く取り組み続ける姿や、粘り強さが全くない中で自らの学習を調整する姿は一般的ではない。

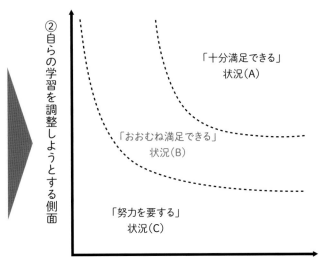

ここでの評価は、その学習の調整が「適切に行われるか」を必ずしも判断するものではなく、学習の調整が知識及び技能の習得などに結びついていない場合には、教師が学習の進め方を適切に指導することが求められます。

「自らの学習を調整しようとする側面」とは…

自らの学習状況を把握し、学習の進め方について試行錯誤するなどの意思的な側面のことです。評価に当たっては、児童生徒が自らの理解の状況を振り返ることができるような発問の工夫をしたり、自らの考えを記述したり話し合ったりする場面、他者との協働を通じて自らの考えを相対化する場面を、単元や題材などの内容のまとまりの中で設けたりするなど、「主体的・対話的で深い学び」の視点からの授業改善を図る中で、適切に評価できるようにしていくことが重要です。

「主体的に学習に取り組む態度」は、「関心・意欲・態度」と同じ趣旨ですが…

～こんなことで評価をしていませんでしたか？～

平成31年1月21日文部科学省中央教育審議会初等中等教育分科会教育課程部会「児童生徒の学習評価の在り方について(報告)」では、学習評価について指摘されている課題として、「関心・意欲・態度」の観点について「学校や教師の状況によっては、挙手の回数や毎時間ノートを取っているかなど、性格や行動面の傾向が一時的に表出された場面を捉える評価であるような誤解が払拭し切れていない」ということが指摘されました。これを受け、従来から重視されてきた各教科等の学習内容に関心をもつことのみならず、よりよく学ぼうとする意欲をもって学習に取り組む態度を評価するという趣旨が改めて強調されました。

Column

学習評価の充実

学習評価の妥当性, 信頼性を高める工夫の例

- 評価規準や評価方法について,事前に教師同士で検討するなどして明確にすること,評価に関する実践事例を蓄積し共有していくこと,評価結果についての検討を通じて評価に係る教師の力量の向上を図ることなど,学校として組織的かつ計画的に取り組む。
- 学校が児童生徒や保護者に対し,評価に関する仕組みについて事前に説明したり,評価結果について丁寧に説明したりするなど,評価に関する情報をより積極的に提供し児童生徒や保護者の理解を図る。

評価時期の工夫の例

- 日々の授業の中では児童生徒の学習状況を把握して指導に生かすことに重点を置きつつ,各教科における「知識・技能」及び「思考・判断・表現」の評価の記録については,原則として単元や題材などのまとまりごとに,それぞれの実現状況が把握できる段階で評価を行う。
- 学習指導要領に定められた各教科等の目標や内容の特質に照らして,複数の単元や題材などにわたって長期的な視点で評価することを可能とする。

学年や学校間の円滑な接続を図る工夫の例

- 「キャリア・パスポート」を活用し,児童生徒の学びをつなげることができるようにする。
- 小学校段階においては,幼児期の教育との接続を意識した「スタートカリキュラム」を一層充実させる。
- 高等学校段階においては,入学者選抜の方針や選抜方法の組合せ,調査書の利用方法,学力検査の内容等について見直しを図ることが考えられる。

評価方法の工夫の例

全国学力・学習状況調査
(問題や授業アイディア例)を参考にした例

　平成19年度より毎年行われている全国学力・学習状況調査では,知識及び技能等を実生活の様々な場面に活用する力や,様々な課題解決のための構想を立て実践し評価・改善する力などに関わる内容の問題が出題されています。

　全国学力・学習状況調査の解説資料や報告書,授業アイディア例を参考にテストを作成したり,授業を工夫したりすることもできます。

　詳しくは,国立教育政策研究所Webページ「全国学力・学習状況調査」をご覧ください。

(http://www.nier.go.jp/kaihatsu/zenkokugakuryoku.html)

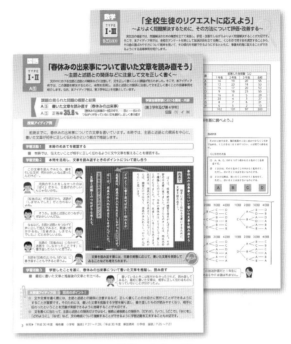

授業アイディア例

評価の方法の共有で働き方改革

　ペーパーテスト等のみにとらわれず,一人一人の学びに着目して評価をすることは,教師の負担が増えることのように感じられるかもしれません。しかし,児童生徒の学習評価は教育活動の根幹であり,「カリキュラム・マネジメント」の中核的な役割を担っています。その際,助けとなるのは,教師間の協働と共有です。

　評価の方法やそのためのツールについての悩みを一人で抱えることなく,学校全体や他校との連携の中で,計画や評価ツールの作成を分担するなど,これまで以上に協働と共有を進めれば,教師一人当たりの量的・時間的・精神的な負担の軽減につながります。風通しのよい評価体制を教師間で作っていくことで,評価方法の工夫改善と働き方改革にもつながります。

「指導と評価の一体化の取組状況」

A:学習評価を通じて,学習評価のあり方を見直すことや個に応じた指導の充実を図るなど,指導と評価の一体化に学校全体で取り組んでいる。

B:指導と評価の一体化の取組は,教師個人に任されている。

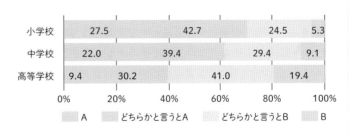

	A	どちらかと言うとA	どちらかと言うとB	B
小学校	27.5	42.7	24.5	5.3
中学校	22.0	39.4	29.4	9.1
高等学校	9.4	30.2	41.0	19.4

(平成29年度文部科学省委託調査「学習指導と学習評価に対する意識調査」より)

Column

Q&A －先生方の質問にお答えします－

Q1 1回の授業で，3つの観点全てを評価しなければならないのですか。

A. 学習評価については，日々の授業の中で児童生徒の学習状況を適宜把握して指導の改善に生かすことに重点を置くことが重要です。したがって観点別学習状況の評価の記録に用いる評価については，毎回の授業ではなく原則として単元や題材などの内容や時間のまとまりごとに，それぞれの実現状況を把握できる段階で行うなど，その場面を精選することが重要です。

Q2 「十分満足できる」状況（A）はどのように判断したらよいのですか。

A. 各教科において「十分満足できる」状況（A）と判断するのは，評価規準に照らし，児童生徒が実現している学習の状況が質的な高まりや深まりをもっていると判断される場合です。「十分満足できる」状況（A）と判断できる児童生徒の姿は多様に想定されるので，学年会や教科部会等で情報を共有することが重要です。

Q3 指導要録の文章記述欄が多く，かなりの時間を要している現状を解決できませんか。

A. 本来，学習評価は日常の指導の場面で，児童生徒本人へフィードバックを行う機会を充実させるとともに，通知表や面談などの機会を通して，保護者との間でも評価に関する情報共有を充実させることが重要です。このため，指導要録における文章記述欄については，例えば，「総合所見及び指導上参考となる諸事項」については，要点を箇条書きとするなど，必要最小限のものとなるようにしました。また，小学校第3学年及び第4学年における外国語活動については，記述欄を簡素化した上で，評価の観点に即して，児童の学習状況に顕著な事項がある場合などにその特徴を記入することとしました。

Q4 評定以外の学習評価についても保護者の理解を得るにはどのようにすればよいのでしょうか。

A. 保護者説明会等において，学習評価に関する説明を行うことが効果的です。各教科等における成果や課題を明らかにする「観点別学習状況の評価」と，教育課程全体を見渡した学習状況を把握することが可能な「評定」について，それぞれの利点や，上級学校への入学者選抜に係る調査書のねらいや活用状況を明らかにすることは，保護者との共通理解の下で児童生徒への指導を行っていくことにつながります。

Q5 障害のある児童生徒の学習評価について，どのようなことに配慮すべきですか。

A. 学習評価に関する基本的な考え方は，障害のある児童生徒の学習評価についても変わるものではありません。このため，障害のある児童生徒については，特別支援学校等の助言または援助を活用しつつ，個々の児童生徒の障害の状態等に応じた指導内容や指導方法の工夫を行い，その評価を適切に行うことが必要です。また，指導要録の通級による指導に関して記載すべき事項が個別の指導計画に記載されている場合には，その写しをもって指導要録への記入に替えることも可能としました。

文部科学省
国立教育政策研究所
National Institute for Educational Policy Research
NIER

令和元年6月
文部科学省　国立教育政策研究所教育課程研究センター
〒100-8951 東京都千代田区霞が関3丁目2番2号　TEL 03-6733-6833（代表）

「指導と評価の一体化」のための
学習評価に関する参考資料
【小学校　国語】

令和2年6月27日	初版発行
令和5年9月1日	7版発行

著作権所有	国立教育政策研究所 教育課程研究センター
発 行 者	東京都千代田区神田錦町2丁目9番1号 コンフォール安田ビル2階 株式会社　東洋館出版社 代表者　錦織　圭之介
印 刷 者	大阪市住之江区中加賀屋4丁目2番10号 岩岡印刷株式会社
発 行 所	東京都千代田区神田錦町2丁目9番1号 コンフォール安田ビル2階 株式会社　東洋館出版社 電話　03-6778-7278

ISBN978-4-491-04120-9　　　　定価：本体900円
　　　　　　　　　　　　　　　　　（税込990円）税10%